Kimberley Moran

Hacking Parenthood

子育てのストレスを減らす10の「魔法のことば」

子　育　て　を　ハ　ッ　ク　す　る

キンバリー・モーラン

阿部良子・吉田新一郎 訳

新評論

まえがき――ストレスの多い世界で冷静でいる

「ハック・シリーズ」は、基本的には教師を対象にしたものです。では、そのなかになぜ子育ての本が含まれるのでしょうか？　教師として私が気づいたことは、保護者が私に尋ねる質問には、教育よりも子育てに関するもののほうが多いということでした。これらのなかには、もちろん宿題やテスト勉強についてのものもありましたが、どのような質問のなかにも、「どうしてうちの娘は、学校ではやることをうちではしないのでしょうか？」や「『宿題はやったの？』と私が言ったときの息子の態度に対して、何かできることはありませんか？」という項目があったのです。

子どもはその時代、かなりの時間を学校で過ごしますが、その行動が、家と学校で違うのには多くの理由があります。ですから、「ハック・シリーズ」に子育てに関するハックが加わってもおかしくないと思います。これから、私があなたと共有する「魔法のことば[1]」は、冷静を保ちつつ、強い意志をもって子どもたちに向き合うための新しいアイディアや、大人になってからも使

(1) 原書では「mantra（マントラ）」と表記されています。心を落ち着かせ、気持ちの混乱を整理して集中できるようにするためのよい方法です。詳しい説明は、iiiページを参照してください。

い続けるスキルを子どもたちに教えるためのアイディアを与えてくれますので、親にも教師にも、きっと役立つものとなるでしょう。

原書タイトルである「子育てをハックする」と聞いても、今一つはっきりしないかもしれません。いったいどういう意味なのでしょうか？　私たちは妊娠が分かったとき、または待ちわびていた子どもの養父母か里親になれる準備ができたときに、子育てに関する一つのイメージを得ることになります。おおらかで、ご機嫌な子どものいる、のどかな世界を私たちは夢見るわけです。

たとえば、夢の世界のなかで私たちは台所にいて、きちんと落ち着いた理想の雰囲気のなか、食卓を囲む幸せな家族のために愛情を込めて健康によい食事をつくっています。でも、子どもが私たちの生活に加わると、彼らは好き嫌いや、長所と短所などといった自分とは異なった個性を備えた人間であることが分かり、私たちはショックを受けることになります。さらに、時にはひと晩中寝ないとか、ビニール袋を何枚もトイレに詰め込むといったことに強い興味をもったりするものです。

ほとんどの人があなたに対して、子育てには変化がつきものだから、これまでにないほど大変な仕事になると言うでしょう。私も同感です。あなたが一生懸命努力して問題をコントロールできるようになったあとでさえ、状況が変化するのです。

「お願いだからやめて」と言っても、「座って心を落ち着けなさい」と言っても、そうはならないものです。こうした変化する課題のほとんどは、いくつかの簡単な魔法のことばを繰り返し唱え、あなたが落ち着いてその課題に取り組み続けさえすれば、解決策が見えてきます。

本書では、より良い親になるためにはあまり必要としない事柄は省いて、前へ進むために、今この瞬間、あなたがするべきことに集中するのに役立つ、短い「魔法のことば」を一〇個集めました。その一つ一つは、ある状況下であなたが子どもをどのように理解すべきかについて示すほか、あなたと子どもが成長するための助けとなるよう、どのように計画を立てたり、自分の直感を使ったりするべきかについて示しています。

魔法のことば（マントラ）は、音声は悟りに至る道であると理解していた古代インドの人々によって、何千年も昔につくられました。それは、自己を落ち着かせるという効果のある音声の処方箋となりました。本書のなかで私は、あなたが魔法のことばを唱えて、世間の騒音をかき消すことを助けます。それは、耳を指でふさいで「ワーワーワー、あなたの声が聞こえない！」と叫ぶ状態に少し似ています。

これらの魔法のことばは、手に負えないと思われる事態に陥っても、あなたがもっとも重要と感じることに集中する助けとなります。瞑想をしなくても、魔法のことばはいつでも誰でも唱えることができます。魔法のことばは、まさしく心を落ち着かせ、混乱した気持ちを整理して、集中できるようにするための手段なのです。

それぞれの「魔法のことば」（章）は、ルーミー（一二〇七～一二八三）のことばを引用する形ではじまります。ジャラール・ウッディーン・ルーミーは一三世紀のペルシャ詩人です。史上もっとも偉大な宗教指導者の一人であるとも見なされています。

彼は日々の生活における出来事を用いて精神世界を描写したわけですが、私が気に入っているのは、日頃の生活に関して考え事をしているとき、より深く、よりシンプルに考えることを助けてくれるルーミーのことばが必ず見つかることです。読者のみなさんにも、彼のことばを読んで、同じように感じてもらえると嬉しいです。

子育てを導く魔法のことばを一つ決めたら、それをただ繰り返し唱えます。すると、日常の限界を超えたところで、魔法のことばが親である私たちに染み込んで、私たちは目的をもって行動するようになり、「自分の声」というきわめてパワフルな手段を強化することができます。

魔法のことばを子育てに活かすように取り組めば、心の底で自分の子どもにどのような人間になってほしいかと願っていることが常に分かるようになります。そうすることで、私たちは自らを解き放ち、リラックスして、子育てに身を委ねることができるのです。

今すぐ試してみたい、と思う人もいることでしょう。まずは目を閉じて座ります。次に、魔法のことば「私は今のままで十分」を繰り返してください。この魔法のことばがあなたの新しい道となります。

とにかく一歩踏み出して、この魔法のことばを受け入れてください。そして、子育てにおいて何かを決定するときには、必ずこの魔法のことばを拠り所にしてください。子どもとのかかわりや、あなたの行動一つ一つの裏側にある目的がどのように変化するのかを、自分の目でしっかりと見てください。

あなたは、今のままで十分です。あなたの子どもが健康で、幸せで、強く、自立した人に成長することを助ける人として、今のあなたが適任者なのです。

本書を読みはじめると、「ハック・シリーズ」特有のいくつかの用語が、本書に合うように変更されていることに気づくと思います。つまり、「ハック」という表現の代わりに「魔法のことば」が用いられているのです。そこで、「ハックが実際に行われている事例」の代わりに「魔法のことばが実際に唱えられている事例」を用いることにしました。一方、「問題」、「あなたが明日にでもできること」、「完全実施に向けての青写真」、「課題を乗り越える」などといった、シリーズを通して用いられている構成もあります。

それぞれの「魔法のことば」（章）では、魔法のことばだけでは足りない部分を補完することを目的とした、「子育てノート」と呼ぶ便利な道具についても触れています。魔法のことばを繰り返し唱えるのと同じように、普段から「子育てノート」を書いていると、手に負えない事態が近づいていると感じたとき、あなたは立ち止まって、リセットする機会を得ることができます。

生まれつき日記を書くことが得意でないとしても、子育てのアイディアや希望について、自らの計画や考えを記録することは決して損にはなりません。一度やってみてください。記録することで、自分がどのあたりまで来たのかと気づくことにもなりますし、これからどこへ向かうのかという予定を立てることもできます。

初めて記録をつける人のために、巻末に「子育てノートをはじめよう」を掲載しました。そのなかにあるそれぞれの魔法のことばのひな形を利用すれば、すぐに記録をつけはじめることができますし、新しくて役に立つ記録術を身につけることもできます。また、その可能性を実感できるような記入例もついています。

私自身、これらの魔法のことばの一つ一つを実際に使って子育てに役立てています。なぜ私がこれらの魔法のことばを気に入っているのかというと、決めつけようとするところがないからです。何をするかは、私が決めることです。魔法のことばは、私が目の前のことに集中し、自分がぶれない状態を維持するのを助けてくれます。私は、これこそがよい子育ての秘訣だと思っています。

もし、このなかで、あなたにとって効果がないものがあれば、その魔法のことばは忘れてもかまいません。柔軟でいることも、素晴らしい子育て術の一つです。まずは、それぞれの魔法のことばを、子育て中にどのように用いることができるのかと想像しながら読んでみてください。そして、実際に試してみてください。すぐに、一つか二つの魔法のことばがあなたのレパートリーとして使われるようになることでしょう。

すべての魔法のことばを四六時中使わなくても、もちろん結構です。その必要がないときもあると思いますから。でも、必要になったときには、いつでもそこにあるということだけは知っておいてください。親になってから最初の時期（約二二年間続きますが！）は、本書を手の届くところに置いておいてください。

もくじ

子育てのストレスを減らす10の「魔法のことば」

——子育てをハックする

Kimberley Moran
HACKING PARENTHOOD
: 10 Mantras You Can Use Daily to Reduce the Stress of Parenting

魔法のことば１

理解しよう

発達における大事な指標を見いだし、それをうまく活用する

誰もが特別な、やるべき仕事のために生まれ、
その仕事をしたいと思う気持ちが
それぞれの心に備わっている。

（ルーミー）

問題――子どもは常に変化する

たった今、子どもと仲良く会話していたというのに、突然すべてがうまくいかなくなるということが時々あります。その日の学校での出来事や、読んでいる本について楽しそうに話している子どもの話を聞きながら、あなたは微笑み、お茶を淹れようとコンロのあるところへ移動しました。わずか一〇秒後に戻ってくると、子どもは不機嫌そうにしており、あなたとのおしゃべりに興味を失っていたのです。突然のこの変化、いったいこれは何なのでしょうか？　あなたは何かを間違えたのでしょうか？

安心してください。あなたは、何も間違ったことはしていません。こういう経験を「子育て」と呼ぶことにして、できるかぎりそれにうまく対処する方法を学んでいきましょう。

子どもに変化が見られるとき、あるいは不思議なくらい変化が見られないとき、それは気分の変化だと特定できるほど単純なものではありません。能力の変化（または変化のなさ）であることもあります。たとえば、子どもが食べ終わった食器を流しに持って行けるくらいの年齢であると思われるのに、そのスキル（または自発性）を子どもが示さないために、あなたが代わりに運んでしまうケースです。

時には、知識の変化である場合もあります。あなたがスーパーに買い物に行こうかと思っているとき、子どもがメモ帳を取り出して、あなたのために買い物リストを書きはじめる様子を見て驚くというのがその例です。

さらに、身体の変化である可能性もあります。以前は手の届かなかった食器棚から、子どもが楽々とグラスを取り出している様子に気づいたときがその例となります。

子育ては、航海することとよく似ています。帆のついた小舟で、ある地点から別の地点へ移動していくわけですが、風が絶えず変化するなか、目的地にたどり着くためにあなたは小舟の進路を変えたり、速度を調整したりしなければなりません。すると、海の真ん中に岩が現れます。しかも、その岩は地図に載っていないのです！

子どもは、身体的、感情的、社会的、知的、そしておそらく精神的にも常に成長しています(1)。航海と同じように、地図があるなら、それを利用するのが賢明でしょう。

子どもが成長する間、どんなことが予想できて、それがいつごろなのかが分かる発達指標の表も簡単に入手することができます。しかし、子どもの成

子育ては、芸術と科学が組み合わさったものなのです。私たちは発達指標を科学として用い、自分なりの個人的スタイルを芸術として用います。

長は、天気や航路と違って、その地図（発達指標の表）が示すとおりにはいかないかもしれません。とはいえ、子育ての基準として、その表をいつも手元に置いておくほうが、それなしで進むよりははるかによいでしょう。

発達指標を探せるようになると、自分の子どもが置かれている現在の発達段階に目を向けることができるようになります。インターネット上では、大量の発達指標の表が簡単に見つかります。「発達段階　年齢区分」で検索してみてください。見つかる表は、典型的な子どもの発達の仕方に基づいているものなので、どれもよく似ています。あなたの子どもの発達の仕方と必ずしも一致しませんが、それらの表を参考にして、あなたが実際に目にしている自分の子どもの成長と比較してください。(2)

たとえば、五～七歳児の発達指標を見てみると、この時期の最終段階になれば、子どもが注意を払えるようになることが期待できると分かります。これにより、子どもに対して適切な期待をもつことができるようになり、その結果ストレスが軽減します。また、五歳児に向かって「兄弟や友達をからかってはいけません」と言うのは、魚に「泳がないで」と言うのと同じであることも分かります。それが、五～七歳児であることの一部となっている発達指標だからです。

確かに、イライラするでしょうが、命を脅かすほどのことではありません。それでは、「理解しよう」が魔法のことばとしてどのように機能するのかについて考えてみましょう。

魔法のことば　理解しよう

「理解しよう」という魔法のことばは、一〇ある魔法のことばの要となりますから、最初に掲載しました。親として、子どもに何を期待すべきかが分からなければ、多くのことを運に任せることになります。子どもがどのように成長するのかについて知り、その知識を自分の子どもに適用することで新しい発達段階の一つ一つを心待ちにするようになりますので、あなた

（1）「ウ〜ン、そうあってほしいと思いますが、スマホなどの新しい技術の普及により、それらが感情的、社会的、知的、精神的な成長をもたらしてくれているのか、疑問に思うことがしばしばです。そう感じるのは、自分の子どもに対してよりも、外に出たときが多いですが」という声が翻訳協力者からありました。

（2）訳者が日本語で見つけた「発達指標（発達のめやす）」をいくつか紹介します。①「子ども家庭総合評価票　記入のめやすと一覧表」https://www.mhlw.go.jp/content/000348513.pdf（とくに、7、8、13ページ）、②電子機器の使用など新しい問題やトピックにピンポイントでヒントが見つけられるのは、「All About 暮らし―子どものしつけ」https://allabout.co.jp/gm/gt/1553/、③小学一年生から思春期以降までについて分かりやすくまとめられているのは「子どもの発達特性を知ろう」http://fuji.pro.tok2.com/hattatu.html#22でした。

の子育ては変わります。

祝祭日や祝い事の時期に決まって行われる儀式を楽しみにしている場合と同じく、子どもが成長するにつれてどんなことを期待すべきかが分かっていればワクワクするものです。自分の子どもはいつか歩き出す、と分かっていましたよね。そして、実際に歩きましたよね！

発達指標と子どもの発達をしっかりと理解することは、いくつかの点において親に利益をもたらします。理解することによって与えられた知識は、次のような場合に役立ちます。

・**子どもの環境プランを立てる**——ベビーベッドから這い出してくる。二段ベッドを使う。勉強机が必要になる。

・**子どもの学びを考える**——おとぎ話を読む。時計を読めるようにする。車を運転する。(3)

・**学習体験を計画する**——動物園へ行く。飛行機に乗る。自宅以外の場所に泊まる。

・**発達の順序を理解する**——ハイハイをする。歩く。記号を理解する。

子どもに何を期待すべきかが分かっていれば、何を探すべきかが分かります。それは、自分の子どもが発達指標を達成していない場合にも役立ちます。

私は、幼稚園の先生がすすめる本を娘が読みたがらなかったとき、心配しました。娘の学びのスピードが、ほかの子どもたちよりも遅れているのではないかと思ったのです。でも、五歳児に何が期待されるのかについて調べてみると、七歳近くになってようやく（アルファベットのような）記号を使うことを理解する子どもがいると分かりました。この知識を身につけたことで、私は心配するのをやめることにしました。

注意深く観察することが、親としてのあなたの務めです。あなたの子どもを一番よく理解しているのはあなたです。自分の子どもの発達段階が、発達における全体像のどこに位置しているのか理解しておけば、最善の方法で子どもを支援することができます。

子どもがこれまで見てきたことと違うことをしたら、そのことについて、あなたの理解が進むまで「理解しよう」という魔法のことばを口にしてください。子どもの行動についてもっと理解し、状況を把握するまでは、そのことを問題として捉えないようにしてください。

たとえば、あなたの息子が、突然指しゃぶりをはじめるかもしれません。今までそんなことをしたことがなかったので、あなたはパニックになります。こういうとき、「理解しよう」という魔法のことばを繰り返して、自分を落ち着かせます。だって、その子に「どうしてそんなことやっているの?!」と叫んだところで無駄ですから。

（3）アメリカでは一四歳で仮免許、一六歳で本免許を取れる州が多いので、子どもが運転するという意味です。何といっても「車社会」！　それが地球温暖化への対応の違いにも表れています。

発達指標の表を調べてみると、四歳になるあなたの息子は多くの不安をもっているかもしれないことが分かります。いろいろな点をつなぎ合わせてみると、この指しゃぶりは、もしかすると不安を和らげるための方法かもしれないと分かります。

このようにして、その子が自分の不安について言葉にできるようにあなたは助けることができますし、それらの不安にあなたが対処するにつれて、その子は指しゃぶりを必要としなくなっていくことでしょう。行動の変化が、より理解しやすくなり、対処しやすくなるのです。

あなたが明日にでもできること

子育てノートをつくる

魔法のことばは、繰り返し唱えるようにつくられています。すべてのよい習慣がそうなっています。頼りになる子育ての記録として、「子育てノート」を活用する習慣をはじめてみてください。

「子育てノート」は、紙でもデジタルでも構いません。お気に入りのノートを選ぶか、デジタルにするならばアクセスしやすいアプリを見つけましょう。スマートフォンに入っているメモアプリはパソコンからもアクセスできるので、私はそれを使っています。

簡単にはじめられるようにするために、記録をはじめるのに必要なものがすべて揃っていて、すぐに使える「子育てノート」を本書の巻末に用意しました。子育ての旅を通して、あなたは自分の選んだ「子育てノート」を参照したり、それに情報を追加したりすることになりますから、それを使うことに慣れてください。

ある意味、「子育てノート」は、食事や運動を追跡して記録するアプリのようなものと言えます。私たちの親世代ではこのようなテクノロジーを必要としていませんでしたが、複雑な生活を送っている現代の私たちには、これらのテクノロジーが効率のよい、役立つ情報を提供してくれることになります（魔法のことば9「今の世界は大きく変わった」を参照。一五一ページ）。

子育てノートを活用して、今、あなたの子どもに何を期待できるかを記録する

あなたの子どもが、今、発達段階のどのあたりにいるのかを記録するのに時間はかかりません（二一八ページの「**記録シート1**」を参照）。その際、必ず「発達段階　年齢区分」をネット検索して、見つけた発達指標の表を参考にして決めてください。子どもの年齢に基づいて表を見ます。すぐに参照できるように、その表を印刷して、自分の子育てノートに貼っておくとよいでしょう。

子どもがすでに達成した発達指標の素晴らしさを味わう

子どもが発達指標を達成したら、その達成内容がどんなにささやかなものであっても、時間をとってお祝いをしましょう。時に、親であるということは、自分の目の前で子どもが変化し、成長していく様子をただ見守るということにもなります。多くの点において、それはイモムシがチョウになるのを見守る場合と同じくらい奇跡的なことです。自力で頭を支えることができない状態であなたのもとにやって来た子どもが、今では記号と音でできた言語を叫びながら家の中を走り回ったり、吹奏楽団で演奏したり、自分の車を運転したりしているのですから。

まだ子どもが達成していない発達指標のなかで、あなたが理解したいと思うものを一つ選ぶ

よく考えてみてください。子どもに関してもっと理解したいことを一つ挙げるとしたら、あなたの場合は何になりますか？　あらゆることを一度に理解することはできませんし、その一つ一つを追跡することもできません。あなたが子どもに成長を要求すればするほど、あなたも子どももイライラすることになるでしょう。たとえば、あなたの子どもが言われなくても歯みがきを忘れずにするのはいつになるのか理解したいとします。それを選ぶに至った要因をよく考えてみましょう。馬鹿げているように思うかもしれませんが、特定の子どもに元々備わっているどのような要因がその子どもを*やる気*にさせるのかが見えてくるかもしれません。

完全実施に向けての青写真

ステップ1　まず、自分自身と、子どもの世話をするすべての人が知識を身につける

「発達段階　年齢区分」でネット検索をすると、信頼できる検索結果が複数表示されます。そのうちの一つを選び、発達指標の表をじっくり読んでみてください。何が、あなたの子どもに当てはまりますか？　そして、どの部分をいわゆる「使えない部分」として無視するべきでしょうか？

発達指標は、発達における地図のようなものを提供するためにつくられたわけであって、あなたが子どもの現在位置にがっかりするためにつくられたわけではありません。子ども時代は未完成の科学です。私たちは理にかなう情報を利用し、それ以外は捨てなければならないのです。

だからといって、自分の子どもが発達指標のいくつかを未達成だったり、すでに通り過ぎていたりするのはなぜだろうかと思うべきではないということにはなりません。必要なら、小児科医に対して直接話すべきこともあります。なんと言っても、ほかの人と情報を共有することは決して損にはなりませんから。

むしろ、子どもと定期的に接しているすべての人に、その子どもの発達段階を理解してほしいと考えてください。そうです、学校の先生も含まれます。先生たちは、とても多くの時間をあなたの子どもと過ごしていますから、あなたがまだ達していないと思っている発達指標の行動を、すでに行っている様子を見ているかもしれないのです。

私は、自宅で観察した子どもの発達指標について先生に話をしたとき、彼らが驚くと同時に喜ぶ様子を見てきました。先生が、あなたの子どものために余計なことをする必要はありません。しかし、そういう話をすることで、子どもが自立に向けてあらゆる分野で成長する様子をあなたが理解しようとしたり、関心をもっていたりすることが伝わると、先生にも子どもを理解する助けとなる可能性が高まります[4]。

ステップ2　子育てノートに記録をつけることを習慣にする

子どもの発達に関するすべての情報ですが、覚えておけるとは思わないでください。目の前にいる子どもとやり取りをするだけでも十分大変なはずですから。それに、達成済みの発達指標と未達成の発達指標を追加したらたまったもんじゃありません。だから、そんなことはしないでください。

「子育てノート」に記録さえすれば、いつでも必要なときに見ることができます。夕食の最中にスマートフォンの「子育てノートメモ」を開いて、今、私たちが何を見ているのかを夫に示したことがあります。知識は力です。この場合は、知識が私たちの血圧を安定させ、子どもが成長し、成熟するまでには時間がかかるということを思い出させてくれました。

あなたの力をできるかぎり有効に使うための手段として、「子育てノート」を活用してください。「子育てノート」に本気で取り組むということは、あなた自身とあなたが行うことを信用するということです。あなたにならできます。

ステップ3　ゆっくり進み、柔軟でいる

人が何か新しいことをはじめると、何を期待すべきか知りたいと思ったり、すぐにうまくなりたいと思ったりします。残念ながら、親であることは科学ではありません。子育ては、芸術と科学が組み合わさったものなのです。

私は、子どもたち自身の意見が事実で、それが実証される様子を見たいと思

(4)　「子ども理解」に関しては、先生たちも大切にしていることの一つです。ですから、自分の子どもの成長を先生に伝えることは、先生の子ども理解の助けになっても、妨げになることはありません。

> **私たちは発達指標を科学として用い、自分なりの個人的スタイルを芸術として用います。**

っていますが、実際に目にするのは口論と口ごたえです。しかし、そのような行動は一一歳から一三歳の子どもにとっては適切なものである、と自らに言い聞かせなければなりません。この年齢の子どもには、物事を決定する機会が必要である、と発達指標の表にはっきりと書かれています。たとえ子どもが否定的であったり、反抗的であったりしたとしても、親は子どもの自尊心を発達させることに集中するべきである、とも書かれています。何を見て、どのように反応したらいいかを考える際、私たちは柔軟でなければならないのです。

その瞬間に起こっていることを、自分の知識を用いてあなたはどのように微調整することができるでしょうか？　達成してほしいことを分かりやすくする必要がありますか？　まだ一〇歳の子どもに対して、一三歳がする反応を期待しませんでしたか？

微調整することは簡単です。考え直して、より達成可能な目標を設定してください。あなたの子どもが、今うまくできると思うことは何ですか？　進むスピードを落として「理解しよう」としてください。初めは、意識的に考える努力と、自分に思い出させることが必要です。続けてください。すぐに習慣となるはずです。

課題を乗り越える

「理解しよう」として「子育てノート」をつけようとすると、家族、友人、おせっかいな知人などから反発に遭うかもしれません。また、子育ての記録など無意味だと抵抗されるかもしれません。結局のところ、新しい習慣や考え方を取り入れるには時間がかかるということです。

子育てにおいては、ほぼ毎日、なにがしかの大変なことがあるものです。それゆえ、とくに発達指標について知る必要があります。そのように言えることを、自分だけでなく周りの人たちにも気づかせましょう。だからこそ、これから親になる人や親になったばかりの人は、自分の目で目撃していることをより理解するために情報を知ろうとするのです。

課題1　なぜノートが必要なの？　私の時代は……

今、行っている子育てにパートナーがいる場合でも、あなた方親子との時間を時々一緒に過ごす人がいる場合でも、「子育てノート」の説明が必要かもしれません。

「子育てノート」は、赤ちゃんの成長アルバムとかスクラップブックみたいなものだと、簡単な説明で済ますこともできます。しかし、「子育てノート」は、あなたが忘れたくないことを思い

出させ、あなたの思い出を記録するようにつくられていることを忘れないでください。(5)

課題2 すべてを記録する時間がありません

この場合は、あなた自身に繰り返し言い聞かせる必要があるということです。大切な考えや目標を書き留めることが、それらの実現において役立つという証拠があります。「子育てノート」は、いくつかのことに役立ちます。まず、「子育てノート」が、子育てについて集中して考えるための静かな場所にあなた（と一緒に子育てをする人）を連れていってくれます。次に、考えを書くことでその考えをより良いものにしたり、自分のものにしたりすることができます。三つ目として、発達指標を記録することで子どもの成長に光を当てることができます。

もちろん、物事は記録しなくても成し遂げることはできますが、記録したときほど意図的なものとはなりません。そして、あなた方親子がいつ発達指標に達し、その先に進めるのかについても分かりません。

課題3 誰かほかの人のルールに従うほうがずっと簡単です

確かに、そのとおりです！　これが一番大きな課題となるかもしれません。なぜなら、至る所にある子育て本の数々が、何を、いつ、なぜすべきなのかについて、はっきりとあなたに教えてくれていますから。専門家たちがすでに発達指標を示してくれているのに、なぜあなたがそれらについてわざわざ考える必要があるのでしょうか？

よく考えてください。それらの本は道具でしかありません。あなた、あなたのパートナー、あなたの子ども、そしてあなたの置かれている環境についてよく分かっている人は、あなた以外にいないということを忘れないでください。あなたが、あなた自身の子どもの発達を一番よく理解できる人であり、「子育てノート」があなたを導いてくれるのです。(6)

魔法のことばが実際に唱えられている事例

私の子どもたちが五歳と七歳だったとき、彼らは突然、恥ずかしがり屋でおとなしい子どもか

---

(5)　ここまで来て思い出しましたが、保育園時代に親と保育士さんとで毎日やり取りしていた「連絡帳」は、まさに「子育てノート」と言えるものだったような気がします。今でも、宝物です！

(6)　ここの記述は、授業を日々している教師にも同じように言えるのではないでしょうか。教科書や指導書はあくまでも「参考」でしかなく、目の前にいる子どもたちこそが何をどうするかを判断する際の主たる要素であり、教師以外にそれを判断できる人はいません。「子育てノート」の代わりになり得るものを考えられますか？

ら、非常に騒々しい生き物に変わりました。五～七歳の子どもに何を期待すべきかを調べるために発達指標の表を見てみると、次のように書かれていました。

「五～七歳の子どもは、人を喜ばせたり、以前よりも感情の制御ができるようになったり、成果について自慢げに話したり、規則に興味があったり、疲れると馬鹿な真似をしたり、不安がたくさんあったり、かんしゃくを起こしたりするほか、『かなり騒々しい』傾向があったりするかもしれません」

実に、たくさんの有益な情報です。読んでいて笑ってしまいました。というのも、私が目の当たりにしていたものにとてもよく似ていたからです。この情報によって、子どもたちは、人生のこの時期には騒々しくなるものなのだということを受け入れました。

確かに、彼らが静かに人の話を聞くなんてことを期待するのには、よい時期ではなかったようです。でも、それこそが、私が最初にしはじめたことだったのです。だって、彼らがあきれてしまうほど急に騒々しくなったことに私はうんざりしていたわけですから。そこで私は、ギアを入れ替えることにしました。これからの数年間、子どもたちが騒音を出し続けるとするならば、そのエネルギーを彼らの身体的健康と知的健康にとって役立つようにと考え、彼らが外で走り回り、好きなだけ騒げるようにしたのです。

さらに子どもたちを歌のレッスンに参加させ、さまざまなことについてもっと頻繁に話をするように働きかけました。その結果、彼らから話したがるようになったのです。話すことは、彼らにとっては簡単なことでした。

この時期に私たちは、「話し合い（discussion）」と「議論（argument）」の違いについても話し合いました。また、外で遊んでいるときには電子機器を使わないというルールを決めたのもこの時期です。親である私が何を考えて、電子機器に気を取られることなく屋外で遊ばせているのかについて子どもたちに説明しました。とはいえ、私の理屈で話すというのは大変でした。電子機器と密接な関係を築いている彼らは当然反論しましたが、最終的には私の主張を理解してくれました。

あなたの子どもが今ある発達段階について、なかったことにするのではなくお祝いをしましょう。また、異なる発達段階とともに現れる不安感に対して寛大な気持ちをもち、それに関する恐れを真剣に受け止めましょう。

五～七歳のころは、就寝時に自分を落ち着かせるテクニックを教えたり、手本を見せるのにはちょうどよい時期かもしれません。覚えておいてほしいことは、この年齢の子どもは、暗闇のなかで一人きりになることに恐怖心を抱いている可能性があるということです。これらの恐怖心を軽視せず、正面から向き合い、恐怖を感じる状況に対して子どもがどのように対処するかについて、計画的に、一緒に決めてください。発達指標についてあなたが得た知識は、どのような資質を身につけた大人になってほしいのかについて考えるとき、かなり重要なものとなるでしょう。

今、何を見ているのかについて理解することができれば、特定の子どもの、この時点において意味のあるルールを構築することがより簡単になります。この「理解しよう」という魔法のことばは、子どもたちが常に変化するものであると認めることからはじまります。それを覚えておいてください。

あなたが今見ているイライラさせる行動や特性も、おそらくすぐに消えてしまうはずです。子どもたちが今いるところで、自分は大丈夫と感じ、何を変えることができるのかに集中できれば、彼らはより柔軟で自信のある大人になるでしょう。「理解しよう」という魔法のことばは、あなたが親としてする、その他すべての子育てにおいて拠り所となります。

子どもの発達段階それぞれにある素晴らしいことを、あなた自身に経験させましょう。そして、「理解しよう」で事足りることを認識するのです。ただ理解すること以外何も必要とせずに、一日を乗り切れる日がやがて訪れるでしょう。

魔法のことば2

終わりから考える

今の状況がどうであれ、
ありたい姿から逆に考えて計画を立てる

あなたは、翼を持って生まれてきた。
這って進むために生まれてきたわけではないから、
這ってはいけない。
（ルーミー）

問題——ルールを設けることが不安と罪悪感を生む

新しくて、かわいらしくて、とても小さな一人の人間が初めてあなたの家にやって来て生活するようになったとき、あなたは、ルールを設けるといったことなど考えもしませんでした。あなたは、新しくて、ただかわいらしくて、とても小さな人が存在するという、文字どおりの奇跡に浸っていたはずですから。

一時間ほどの至福のあと（運がよければですが）、周りの人々があなたに言いはじめることでしょう。睡眠、食事、おしゃべり、ハイハイ、さらには呼吸に対してさえルールを設けなさいと。部外者からの提案なしに、子育てにおける成功は期待できないようです。

ここでいうルールとは、「ある節目（発達指標）に無事到達するための第一歩」を表す別の言い方にすぎません。たとえば、電子機器の使い方を子ども自身に管理してほしいと思うなら、許容できる使用限度を設けなければなりません。そうするほかに、機器に使われるのではなく、機器を使いこなすためのスキルをどのようにして子どもが磨けるというのでしょうか？

ルールを設けることは子育てにおいて避けることのできない現実の一つとなりますが、これらのルールがどうあるべきか（どのような段階を踏むのか）についてはさまざまな解釈が可能です。とくに、他人が自分に対して直ちに評価を下すとき、親は自分が設けるルールの多くに対して不安感と罪悪感をもちます。親は、毎日起きて、子どもを賞賛するだけでいいと言うのなら、これほど素晴らしいことはありませんが、それは現実的とは言えません。

ほとんどの親と同じように、あなたも自分の子どもの人生におけるあらゆる側面について何時間も悩み、苦しんできました。子どもが安全で幸せでいてくれさえすればいいと思う一方で、自立して、手際がよく、成功し、親切で、適度に競争心があり、正直で、勇気があってほしいと望んでもいます。

実際、あなたが望むことがあまりにも多いため、そこから生じる不安感と罪悪感のせいであなたは、健全かつ安全で刺激的な家庭生活を生み出すために必要なルールを設定することができない可能性があります。ここで少し、今のあなたにとって、どのようなルールがもっとも重要かということについて考えてみましょう。

子どもにできるようになってほしいことの例をいくつか挙げます。

（1）　ルールというと、一般的には「してはいけないこと」をイメージする人が多いかもしれませんが、このあとに出てくるいくつかのリストからも明らかなように、ここでのルールは極めて前向きなものです。日本では、ルールをそのように捉えないケースが多いわけですが、少なくともここではそのように理解してください。

・自分のベッドで寝る。
・一定の時刻までに電子機器の電源を切る。
・健康的な食品をできるだけ食べる。
・思いやりが足りなかったときは謝る。
・毎日、読書をする。
・スポーツをする。

子育てをしていると、通常の場合、こんなルールが必要だと思いつくことがほぼ一時間おきにあります。あなたは、家族のために最善となる決定を下す準備をしておきたいと思うことでしょう。私たちはみんなまったく異なる人間で、子どもも同じように異なるわけですから、あなたがする選択や設けるルールは、あなたの周りにいるどの人とも異なっている可能性があります。これについては、単によいというだけでなく、とてもよいことと言えます。

違いが前提にあるからといって、あなたのルールを設定するために、子育てに関するアイディアを使うことをやめるべきではありません。世の中には子育てのアイディアがあふれていますので、あなたが望むところに子どもを到達させるためにはどのアイディアが役立つのかと、特定するための手立てが必要になるでしょう。あなた自身が定めたルールについて考える術(すべ)をもてたらどれほど心が休まるかを想像して、自信をもって前に進みましょう。

魔法のことば　終わりから考える

長期的な視野に立って、子どもに何を身につけてほしいかについて明確にすることによって、あなたは、子どもが成長する各過程においてより明確なルールを設けることができます。この仕組みを理解する最良の方法は、セントバーナードの仔犬を注意深く見ることです。

セントバーナードは美しい犬です。モコモコとしていて、大きくて、四角い頭をしていて、人間に撫でてもらうことを要求します。仔犬のときでもレスリングの相手になるくらい大きいわけですが、まだ膝の上にすっぽり収まる程度です。その前足は、フリトス（コーンスナック菓子）のようないい匂いがするので、あなたの肩に両前足をかけてきても嫌がることはないでしょう。

夕食のとき、ステーキの小さな切れ端を与えている間、あなたの膝の上に仔犬が頭を乗せているときも同様です。「まったく、人間の赤ちゃんと同じね」と、あなたは心の中でつぶやくことでしょう。

問題となるのは、ふわふわしたセントバーナードの赤ちゃんが成犬になると、体長は約九〇センチ、体重は約一一五キログラムになる可能性があるということです。だとすると、食事中に犬がテーブルの下にいたり、あなたの膝に身体を押しつけてきたりすることは、それほどかわいらしいしぐさにならないということです。

「終わりから考える」という計画では、かわいい仔犬を、膝の上にも、ソファの上にも、テーブルの下にもいることを許しません。仔犬に対して、そのような行動を成犬になっても続けるように訓練をしたくないからです。その代わりに、あなたが床にしゃがんで、仔犬をなでたり、前足の匂いをかいだりするのです。こういうことならば、いつでもすることができます。

確かに、ソファをボロボロにされたり、下にいる犬の動きに合わせてキッチンテーブルを持ち上げたり下ろしたりすることが平気な人もいるでしょう。大切なのは、あなた自身の考える最終的な理想像であって、ほかの誰のものでもないということです。そういう人たちはこのようなルールを設ける必要はありません。でも、あなたが最終的に傷のないソファと静かな夕食の時間がほしいと願うならば、ルールを設けましょう。

「終わりから考える」とき、あなたは長いゲームをしているということを忘れてはいけません。そのゲームの終わりには、一人の自立した責任感のある大人がいるのです。

ありたい姿から逆に考えて計画を立てると、再トレーニングの必要がなくなります。とはいえ、ありたい姿を明確にしなければなりません。短期的なルールを設けることができるようになる前に、自分と子どもにどのような経験をさせたいのかについて、あなたは意識的な選択と決断を何度かしなければなりません。ただ、注意すべきことが一つあります。ありたい姿に到達するまでに必要とされる時間のことは気にしないでください。長丁場になります。あなたは、一日一日、そのありたい姿からただ目を離さないでいるだけです。

あなたが明日にでもできること

子どもが成長したときにどのようになってほしいかを決めるなんて、考えるだけでも圧倒されてしまいそうですが、小さなことからはじめれば大したことではありません。

「終わりから考える」ことを忘れずに、一つの節目を選んで計画を立てる

あなたが、とくに大事にしたい節目は何ですか？　また、あなたの子どもが一つの最終目標を達成して、長期的な成功を収める可能性を最大限に高めるためには、どのようなルールを設定する必要があるでしょうか？　最終目標には、「私の子どもはやがて整理整頓ができて、持ち物の管理ができる人になる」というようなことが含まれるかもしれません。

「終わりから考える」と、最終目標に向かうための手段がよりはっきりと見えてきます。子どもが整理整頓できるように手助けするのであれば、子どもが自分の部屋の掃除ができるようになることを期待するとよいでしょう。あとから思い出せるように、この最終目標と最初のステップを自分の「子育てノート」に書いておきましょう。

やってみる

この目標にあなたが取り組んでいるのならば、子どもの部屋がきれいになったときの状態を必ず子どもに見せてください。子どもがやり方を聞きに来なくてもすむように、何をどこに片づければよいのかがはっきりと分かるようにしてください。散らかり具合が手に負えない状態になるまで待つことはできませんが、ある程度散らかるまで待つほうがよいでしょう。

部屋を掃除するためには、段階的にどのようなことを行えばよいと思うか子どもに尋ねてみましょう。その後、子ども自身にそれをやらせてみましょう。

振り返る

最終目標に対する一つのステップに関して、あなたが「子育てノート」に書いたものを読みましょう。一〇分だけ時間をとって、「終わりから考える」ということがどのような感じなのかについて書きましょう。

完全実施に向けての青写真

ステップ1　ルールとそれに対応する小さな段階を設定する

子どもに身につけてほしいとあなたが思っている特性や行動（節目または発達指標とも呼びます）をリストにして明らかにしましょう。もし、そのリストをつくるために苦労をしているなら、フェイスブックやツイッターをのぞいて、アイディアを出してくれる親たちを見つけましょう。あなたのアイディアを引き出すために、以下に挙げる、責任ある大人に共通する特性のリストを活用してください。

・自分自身のお金を管理する。
・自分で考える。

・楽しみや情報を得るために読む。
・情熱をもち続ける。
・活動の動機を見つける。
・会話をする。
・他者に対して思いやりをもつ。
・適切な聞き方をする。
・車の運転と手入れをする。
・部屋の掃除をする。
・一人で眠りにつける。
・食事や軽食をつくる。
・モノを整理する。
・今、この瞬間を生きる。

次に、もっとも身につけてほしいと思っている特性にたどり着くために、三〜五つの段階またはルールのリストを作成します。その際、「終わりから考える」という魔法のことばを忘れないでください。ここが一番肝心なところです。あなた自身が頭の中で整理していなければ、子どもは抜け道をいくらでも見いだすことでしょう。なんと言っても、子どもはそういうことにとても長けていますから。

うまく進めるためには、妥協する必要があるかもしれません。「子育てノート」を利用して、あなたがこれまでに話したり、決めたりしたこと（二一七ページの「**記録シート2**」を参照）をすべて書き出しておきましょう。各ページに日付を書いて、これらの段階を検討してからどのくらいの時間が経過したのかが分かるようにします。

ステップ2　対面式またはインターネット上のサポートグループを見つける

子どもに関するすべてのことに言えることですが、誰かほかの人に支援や助言を求めることは、長期的な計画を実行する際にとても役立ちます。誰の助けも借りずにルールを設け、それを実行することも可能でしょうが、成功する可能性は低いでしょう。

世界でもっとも自信のある人でも、二歳や一三歳の子どもが激しいかんしゃくを起こしている間はお手上げ状態になるはずです。このようなとき、つまり子どもの制御不能状態にどのように対応すべきかについて考える場合、「終わりから考える」という魔法のことばを拠り所にすることが大切です。

身近にサポートしてくれる人がいない場合は、ツイッター、フェイスブック、または地域の子育てグループなどを調べて、あなたをサポートしてくれる仲間を見つけましょう。あなたの状況に共感して、長期的な計画のもとでの子育てがどれだけ大切かについて分かってくれる人がいると自覚できれば安心感につながり、自信ももちやすくなります。さらに、支援者や情報提供者たちと連絡が取りやすいと成功する確率が高まることが、企業や非営利団体などさまざまなところで証明されています。

ステップ3　一貫性と確信をもつ

子どもが何を理解しているのか、また何ができるのかについて、事前に決めてかからないでください。それぞれの段階がどのようなものであるのか、手本を示すことが重要です。子どもの年齢に関係なく、なぜあなたがこのルールを決めたのか、それが何を意味するのかについて説明しましょう。

年少の子どもの例——歯は、あなたの健康に影響を与えますから、一日に二回歯磨きをしてください。歯が汚れていたり、虫歯があったりすると、気分が悪くなることがあります。

年長の子どもの例——あなたには、安全で健康でいてもらう必要があります。だからあなたには、週に三回、家族全員と一緒に家で夕食を取ってもらいます。そうすれば、その時間にあなたの様子や、あなたがきちんと食べているかどうかについて確認することができます。

しばらくの間、継続できるルールを設定しましょう。たとえば、毎日午後四時に家に帰って宿題をはじめることができないようなスケジュールならば、「四時に宿題を開始しなければならない」というルールを設定することはできません。その代わりに、自分が何をすべきか確認したうえで、「宿題を毎日午後七時までに終わらせなければならない」というルールを作成することを検討してください。一貫性があると、あなたが「終わりから考え」やすくなります。

ステップ4　大人の確認タイムを設ける

あなたの計画や日々の活動の進捗状況について考えたくなったら、いつでも「子育てノート」を取り出しましょう。毎週、日曜日に記録をつけるという人もいることでしょう。少なくとも、一か月に一回は確認タイムを設けてください。

オンラインサポートグループ、パートナー、家族、または友人とともに確認することをおすすめします。何がうまくいっているか、また何について微調整する必要があるかについて話し合ってください。ほかの親と同じように、毎日やり方を間違うことがあっても、船を正しい方向に向かわせるように気を配っている、思慮深く、責任感の強い親である自分を定期的に褒めましょう。こうした短い確認タイムのときに、子どもが最終目標にさらに一歩近づくためにはどうしたらよいかを考えるのです。

ステップ5　子どもとルールを見直す

あなたが子どもに期待することを伝えたからといって、その子どもが、突然楽しく定期的にそれを行うようになるわけではありません。私たちは奇跡の人ではなく、ただのハッカー、つまり努力して、物事を改良改善する人でしかないのです。

子どもは、選択されたスキルの分野で成長する間、長期間の見守りを必要とするかもしれません。しかし、少なくとも今は、タオルを投げ入れて(2)諦めたくなったときでも、あなたを支えるために、子どもと共有する論理的な根拠があります。その根拠によって、あなたが選択したルールには目的があるということを子どもが理解することでしょう。一つのルールを最終目標に結びつけるたびに、あなたは「終わりから考える」ことを選択しているのです。

課題を乗り越える

子育ては繊細な営みなので、あなたにとって最終的に何がもっとも重要なのかを選択し、その最終目標に基づいていくつかのルールを設定することが、子どもと周囲の人々に特有の影響を与えることになるかもしれません。次に挙げるのは、他人やあなた自身が示すことになるであろう否定的な反応と、それに対する私の対応策です。

課題1 「あなたのルールはやがて崩れます」と言う人がいる

子育ての意思決定には多くの要因が関係しているので、あなたの子育てのやり方に反対する人が必ず出てきます。実際のところ、あなたは失敗することがあるはずですから、彼らの言うとおりになります。

この仕組みは、失敗を予防するためにつくられてはいません。あなたの設定したルールに、臨

（2）　ボクシングなどの試合で、選手がこれ以上戦えないとセコンド（介添え人）が判断したとき、試合を放棄して敗北を認める印として行われている行為のことです。

機応変に対応する際に役立つだけです。このような否定的な人には、「分かっています。そうやって私は、何がうまくいって、何がうまくいかないのかを学んでいるのです」と言ってください。誰も、自分の発言を信じ込んでいる人と言い争うことはできませんから。

課題2 子育てをそんなふうに規定するべきではありません

「終わりから考える」という魔法のことばの優れている点は、計画した進路からあなたが外れることを選択しても納得できるということです。やるべきことをやってきたあなたは、親としてどんなステップやルールを子どもに教えることが重要なのかについて知っていますが、同時に、多少の柔軟性が役立つ可能性のあることも知っています。

宿題という日課は、子どもが自分の学びに責任をもつという最終目標に向けた重要なレッスンですが、宿題よりも家族が優先されるときもあるでしょう(3)。子どもが、のちの人生で優先順位をつけられるように、そのような機会にこそ、なぜその選択をしたのかについて説明してください。

課題3 未来は予測不可能です。さまざまなことが急激に変化しているというのに、どうやったら頭の中に一つの目標をもち続けることができるのですか?

最終目標を考えると圧倒されてしまうかもしれません。責任ある大人になるために、あなたが大切だと思うことに焦点を当てることが重要です。これについてアイディアを得るための方法としては、ネット検索するほか、ディナー・パーティーで出会った人に尋ねてみるといったことなど、さまざまなものがあります。共感してくれる人もいれば、話が通じない人もいるでしょう。素晴らしいアイディアを耳にしたときに書き留められるように、「子育てノート」を常に持ち歩きましょう。そのために私は、スマートフォンに入っているメモ機能を使っています。スマートフォンは常に携帯していますし、ボイスメモ機能を使ってアイディアを記録すれば簡単です。

課題4　ルールをしっかりと守ることが苦手です

これがあなただとしても、安心してください。仲間がほかにもちゃんといますから。大多数の親は、しっかりとした意志はもっていても、最後までやり通すだけの力が不足しているものです。忙しい日々を過ごしていると、ほとんど毎日、物事を先延ばしにしてしまう傾向があります。しかし、「終わりから考える」という魔法のことばをしっかりと心に留めておけば、あなたの論理的な根拠は変わることになります。

（3）『宿題をハックする』（スター・サックシュタインほか著／高瀬裕人ほか訳、新評論、二〇一九年）という本のなかで、家庭での学習に刺激を与えてくれるたくさんの方法が提供されていますので参照してください。

あなたがきれいな家を好きだからという理由で、子どもに自分の部屋の掃除をするように求めているわけではありません。そうではなくて、子どもに責任感のある、整理整頓ができる大人になってほしいとあなたが思っているのです。ルールを守る意志を失いそうになっていると感じたら、このことを心に留めておいてください。最終的にあなたが実現したいことは何ですか？

魔法のことばが実際に唱えられている事例

子育ては大変で、時には孤独な営みとなります。本書を書くにあたって、私自身が以前に設定したいくつかのルールを見直したのですが、そろそろ更新する時期が来たようです。

最近の我が家では、宿題がとくに問題を起こす原因となっています。以前は、子どもを机に向かわせて、算数の問題用紙に取り組ませたり、本の二章を読ませたりする程度の簡単なことでしたが、子どもが成長するにつれて、宿題の内容がその日に学校で学んだことを踏まえたものに変わりました。つまり、以前のように、私が助けられるとはかぎらないということです。言うまでもなく、私は学校で授業を受けていませんから。さらに、子どもがとても疲れているように見えるので、率直に言って、私は宿題に関しては少々腹を立てています。

宿題に関して、私が子どもたちの最終目標としていることは、彼らが課題の内容を聞き、それを書き取り、不確かな点は質問をして、時間をつくって課題に取り組み、期限までにそれを終わらせることです。これは、彼らが残りの人生において使わなければならないスキルでもあります。

長い間、私は子どもたちに宿題の内容を尋ねてから、夕食または寝る時間までに机に向かって宿題をさせるようにしていました。今、子どもたちは小学校高学年と中学年になっていますので、宿題に関して自分できるようになる必要があると考えています。とはいえ、なんらかの失敗が伴うであろうことも分かっています。でも、私には大事な最終目標がありますから、それに挑戦するだけの価値があると言えます。

夫と私は、隣に座って宿題のルールを見直しています。そして、新しいルールを「子育てノート」に記録しています。子育てにおけるこの部分は重要なことなので、我ながら「たいしたものだ」と驚いています。そのほか、私たちは、一人でどんなことをしてもらいたいと思っているかについて、以下のように子どもたちに伝えています。

❶宿題は午後八時までに終えなければなりません。
❷宿題を、遅れて先生に提出してはいけません。
❸理解できないときは、すすんで質問をしなければなりません。

❹私たち親は、あなたが課題を完成させるまで、または課題に関する質問を書く際にはそばでコーチをしますが、あなたが課題に集中できるようにしたり、あなたの代わりに先生に質問したりすることはしません。

ですから、私たちは、子どもたちの邪魔にならないようにしています。最近、整理整頓を苦手としている息子が、私が口出しをすることもなく、すべてAとBの成績をとりました。しかし彼は、オンラインで取り組む必要のあった宿題はやらないという一方的な決断をした結果、スペイン語の成績はBマイナスでした。そこで私は、私たちのルールには、「宿題を遅れて提出してはいけない」と書かれていることを彼に伝えました。彼は、Bマイナスの成績でも問題ないと主張しましたが、ルールに従わなかったことは認め、「次回からは従う」と言いました。

確かに、親子ゲンカになったこともありましたが、息子が課題を必ずやり遂げる人であると周囲から信頼されることが私たちにとっては非常に重要なのだと説明することができたので、私たちは勝利したと言えます。

私たちは彼に、ルールをつくり出す際に考えたことを示したのです。私たちには一貫性がありました。また、私たちは最終目標をずっと視野に入れていましたので、後悔もありませんでした。「それで、その後はどうなったの?」と思っているかもしれませんね。つまり、子どもたちは罰を受けることがあるのだろうか、と。

年長者が学ばないといけないようなことを若い人に教えようとしているわけですから、たいていの場合、私は自然の成り行きを信じることにしています。子どもにとって結果が分かりにくい場合はルールに書くべきですし、それらはルールに関連しているべきです。結果を恣意的にしてしまっては学習経験となりませんから。たとえば、先ほどの二番目のルールのあとに、「もし、宿題の提出が遅れていれば、その間は電子機器を使うことができません」と書いてもよいのです。

結果を理解する最善の方法は、「そのルールのどの部分を子どもが軽視したか」を考えることです。子どもがよく聞いていないことが原因だったならば、彼らがもっと聞くことについて練習できる機会を与えます。いつもの仕事をやらなかった場合には、その仕事をする時間をもっと与えます。電子機器を取り上げるといった例は、そうすることで、子どもがやっていなかった宿題を完成させる時間をもっと与えることにつながります。

子どもにいろいろと試してみて、うまくいかないと何もかもを放り投げてしまいたいと思うことでしょう。そんなとき、「終わりから考える」という魔法のことばがあれば、あることがうまくいかなくても、別のルールがうまくいくかもしれないということを思い出せるはずです。

もし、あなたが設定した段階を子どもが達成するのに苦労していたら、その段階を以前に巻き戻すときかもしれません。子どもが今取り組んでいる段階の一つ前の段階を考えて、そのプロセスを信用しましょう。時間がかかる日もあれば、あっという間に元の段階に戻れる日もあるでしょう。

「終わりから考える」ときにあなたは、長い間続くゲームをしているということを忘れてはいけません。そのゲームの結末には、一人の自立した責任感のある大人がいるのです。

魔法のことば3

一輪走行を選ぶ

自立した子どもを育てる

それはあなたの道であり、あなただけの道です。
あなたと一緒に歩く人がいるかもしれませんが、
あなたの代わりに歩くことは誰にもできません。

（ルーミー）

問題——子どもは、自分一人ではたいしたことはやれない

何かするとき、子どもには大人の助けが必要です。子育てにおける大きな問題の一つは、子どもが自力でやりはじめるのはいつか、ということです。子どもがテレビを見ているときにトーストを口まで運んでやったり、六歳児だというのに親のスプーンで食べさせたりする親を見れば、誰もが笑ってしまいます。「ただ、子どもに食べてほしいだけなんです」と、その親はきまり悪そうに言うことでしょう。

大人に何かしてもらう必要のある子どもと、子ども自身ですべきことをさせてあげない大人には大きな違いがあります。私の子どもは、食器棚に入っている皿にまだ手が届きません。位置が高すぎるのです。子どもの背丈が約一五〇センチ以上になるまでは、私は踏み台を与えたり、それよりも低い食器棚に皿を移動したり、あるいは取り出した皿を子どもに手渡したりすることができます。

このような例に大事な点が見えつつありますが、問題はさらに深いところにあります。

子どもの自立は、親にとってはうれしさと同時に寂しさを感じるものであることが広く知られています。自立させようと思えば、すぐにでもしてしまいます。自立のスピードを決めるのは、親であるあなたでしょうか、それとも子どもが身につけるスキルでしょうか？　答えは、その両方です。

魔法のことば　一輪走行を選ぶ

一輪車は、「一」という数字と、バランスをとる能力を表す普遍的なシンボル[1]です。子どもたちの自立度を知るために、私は「一輪車表」をつくりました。あなたと家族がこの表に記入すれば、今現在、どのような自立のためのスキルに子どもが取り組んでいるのかが分かります。

一輪車表は、小さなホワイトボートにマスキングテープや消えないペンで線を入れたような、シンプルなもので十分です。一つの選択肢として、「**記録シート3**」（二一六ページ）に見本を用意しました。この表を、家族全員が定期的に目にして、使うことを忘れないような場所（台所など）に張っておきましょう。

（1）世界中でそうなのかは疑問です。日本ではそうではありませんから。少なくとも、著者はこの魔法のことばをとおして一輪車にこだわり続けていますから、アメリカではそのようです。代わりの言葉を考えましたが、無理だったので「一輪車」のたとえにお付き合いください。もし代案がありましたら、ぜひ教えてください。

「子育てノート」は計画を立てるために引き続き使いますが、こちらの表は確認するのに便利なうえに一目で分かるという利点があります。この表を見るたびに、子どもと接する際、「一輪走行を選ぶ」ということをあなたは思い出すでしょう。そのときあなたは、次のように自分に問いかけるかもしれません。

「子どもがもっと自立するにはどんな方法があるだろうか？　子どもが自分でそれをできるようになるために、私は何をやめることができるだろうか？」

真実は、白黒をはっきりつけて見るに越したことはありません。疲れていると、つい「あの子は毎晩夜更かししている」などと言ってしまうものですが、今後はこの表を使って真実を見ることになります。これ以上ないぐらいに単純です。カテゴリーは、「あなたが見たいこと（スキル）」と「それを何回見たか（達成回数）」の二つだけです。表の使用例と、自分だけの「一輪車表」を作成するために今すぐ使えるサンプルとして**「記録シート3」**を参

この表は具体的に測ることができるので、子どもが目標を設定し、進捗を記録し、目標を達成する方法が分かります。

照してください。

あなたの家族がこの表を見れば、何を目指すべきかが分かります。家族が事実に基づいたやり方で、子どもを確実にサポートすることができます。「おや、今週は四回、自分のものを見つけることができたんだね。すごい！」というように。

子どもがこのスキルを、たとえば一か月間ほぼ毎日、自力で行ってきたように見えたら、新しいスキルに移ることができます。習得したそのスキルは、今後、子どもが当然できるものと見なすと、忘れずに子どもに伝えましょう。

この表は具体的に測ることができるので、子どもが目標を設定し、進捗を記録し、目標を達成する方法が分かります。また、この表は、意味のある形で子どもを確実にサポートすることができる素晴らしい方法でもあります。現実的な方法で、褒めたり話し合ったりする具体的なスキルが今のあなたにはありますから、「いい子だね」という意味のない声かけは必要ありません。

一輪車表の第二の利点は、親のあなたも同様にサポートされることです。子どもの自立に価値があることを認識しているだけでなく、それに関して行動を起こしているのです。もし、カップを流しに持って行く途中で子どもが落としたら、気持ちを落ち着かせてから「一輪走行を選ぶ」という魔法のことばを唱えて、あなたが意志をもって子育てをしており、子どもは自立を学んでいるということを自らに思い出させましょう。

 あなたが明日にでもできること

「一輪車表」を忘れずに使うためには多少の練習が必要ですが、子どもがその存在を指摘してくれることに驚くはずです。

あなたの「一輪車表」を張り出す

表をつくる材料（小さなホワイトボードまたは「**記録シート3**」のコピー）を選び、家族全員が見ることのできる場所に張り出しましょう。

「子育てノート」を振り返って自立のスキルを一つ選ぶ

選ぶスキルは、明確で確認可能なものにしましょう。食卓の準備をする、脱いだ服を洗濯籠に入れる、明日持っていく鞄の準備をする、というように。

あなたが何を、どのように、なぜ確認しているのかを子どもに伝える

子どもたちがあるべき姿を理解することが重要です。

「あなたには、自分でベッドを整えられるようになってほしいと思っています。あなたが一回やると、私が『一輪車表』に印を付けます。達成目標は週に五回です」

確認をはじめる

そのスキルを、子どもが自力で（親が何も言わなくても）完全にできた回数を記録します。これが、本当の意味で一輪走行を選んでいる（言われなくても、日常でやるべきほかのこともやりながら、子どもがそのスキルを自力でできる）ことを知るための手がかりとなります。

完全実施に向けての青写真

ステップ1　家族会議を開く

親であることの大部分は、子どもに「一輪走行を選ぶ」方法を教えることにあるということを家族に説明しましょう。これは一輪車に一人で乗るように、自力でやり、バランスを維持する、つまり自立して物事に取り組むということです。このことを、とても真剣に捉えているということを子どもに伝えます。それが実現されると、子どもは自分で生活を管理するようになります。

あなたは自分の子どもにそうなってほしいと思っています。自立は成長の一部分です。一輪車が、どのように数字の「1」とバランスを象徴しているのかについて話し合いましょう。この時点では、みんながあなたの話に集中せず、ただ一輪車がほしいと言ったりするかもしれません。さらに、誰が一輪車に乗るのがうまいかについて話しはじめるかもしれません。しばらく好きなようにさせてから会議を再開し、子どもたちが家庭で（比喩的な意味での）一輪車乗りになれることを伝えましょう。

ステップ2　自分仕様の「一輪車表」をつくる

「一輪車表」において、あなたが子どもに身につけてほしいスキルを決めましょう。ホワイトボードでも、紙でも、スマートフォンのアプリでもかまいません。二列の表（スキルと達成回数）を使います。一人の子どもに対して取り組みはじめてほしいスキルを五つ選びますが、そのうち二つか三つは子ども自身に選んでもらいます。それらのスキルが達成可能で、発達段階上において適切なレベルにあるようにしてください。それぞれの子どもに異なる色を使い、新しいスキル目標を、自分で表に書いてもらうか入力してもらいましょう。

ステップ3　スキルを子ども一人ひとりと練習する

必要以上にスキルを難しくしないでください。子どもにベッドを整えてほしいならば、掛け布団一枚と枕を一つベッドに置きます。シーツ、毛布、ベッドカバーはあとからでもよいでしょう。大学を卒業してからでもいいくらいです！

期待することを、適切で可能なものに保ってください。「こうやれば一人でできるよ」と明るく言って、実際にやってみせます。次に、子どもに同じことをさせてみます。

「自分でやってごらん。ほら！　できた」

ステップ4　達成回数の目標と期間を設定する

子どもに時間を与えて、そのスキルが自力で定期的にできるようにします。目標の達成に関して明確なルールを設定します。子どもがそのスキルをしなければならない期間は二四時間以内ですか？　それとも二時間以内ですか？　二週間に五〜七回そのスキルを達成すれば、目標を達成したと見なされるでしょうか？

そうだとしたら、最初の週の目標を、一週間に二〜三回言われなくてもそのスキルを達成することにします。また、それとは関係なく、毎日そのスキルをするようにします。親が声をかける必要があったからといって失格にはなりませんが、その日は達成回数として数えません。

ステップ5　声をかけるタイミングを急がない

あることを誰かに自力でやってほしいと思ったら、その人の性格や日々の変化を考慮に入れる必要があります。起きてすぐにベッドを整える日がほとんどだと思いますが、あとからそうするときもあるでしょう。子どもが朝食前にベッドを整えたいと思えば、それは素晴らしいことですが、学校に行く前に急いで部屋に戻っていっても同様に素晴らしいわけです。

子どもが学校から戻ってもまだベッドが整えられていないときに、初めて声をかけましょう。その場合、子どもが身体で覚えられるようにその動作をさせることになりますが、達成回数には数えません。

ステップ6　報酬を与える

目標が定期的に達成されるようになり、新しいスキルに取り組む準備ができたら、達成した褒美を子どもに与えましょう。褒美の形は家庭によります。お小遣いを二五セント増額する家庭もあるでしょうし、もっと大きくなるまでチャレンジするのを控えていた経験を前倒ししてさせてあげるのもいいでしょう。

いずれにせよ、あなたが決めてください。これらは、「自立することは大変だが、いいこともある」と子どもに分からせるために素晴らしい方法だと言えます。

課題を乗り越える

「一輪車表」をうまく活かすためには、積極的な参加と一貫性が必要です。あなたには、自分自身や周りの人たちからの抵抗に対処するための準備が必要となります。

課題1　やるべきことがあまりにもたくさんあります。それらすべてを確認するということでしょうか?

多くのスキルによってひととおりのことを身につけた人間ができあがるわけですが、あなたは、子どもが定期的に取り組むスキルを二つか三つ選ぶだけでよいのです。しばらくして、それらのスキルが容易にできるようになれば、それらを表から外せばよいでしょう。そして、焦点を新しいスキルに移します。

紙の一輪車表を使っているならば、目標が達成できた表をフォルダーに保管することを検討してください。元日、誕生日、一学年の終わりの日などにそれらを取り出して、子どもが達成したスキルが増えていることをお祝いしましょう。ホワイトボードなどを使っている場合は、その表を写真に収めて保存すれば同じことが可能となります。

課題2 表を持ち歩くことができません

これはもっともなことですが、選択肢はあります。表の写真をスマートフォンで撮り、家を離れているときはその画像に、「責任をもって持ち物の管理をした」といったようなスキルが達成されたときに印をつけることができます。あるいは、帰宅してから表に達成回数の印をつけてもよいでしょう。

子どもは、あなたがそばで見ていないとき、たとえば学校や友達の家にいるときなどにスキルを達成することがあるのです。あなたは、子どもが行うすべてを確認することはできませんし、すべきことでもありません。あなたの管理下にあり、多くの時間を過ごす家で、あなたが目にしたスキルの進捗状況を記録するだけに留めておきましょう。

課題3 子どもの行動を確認するために自分の時間を使うことができません

もちろん、できます。すでにやっていることです。今はただ、それを子どもがやり終える前にあなたがやってしまっているか、子どもを怒っているかのどちらかです。どちらの行動も、子どもが「一輪走行を選ぶ」のには役立っていません。実際のところ、子どもの行動を確認することは、子どもが現在または未来にできることが見られる単純で楽しい方法なのです。

子どもが「一輪車表」を使って成功していく様子を見るのはワクワクすることでしょう。また、それによって子どもは、自分で一輪走行をしたいという内発的動機(2)をもつようになります。発達段階と発達指標に到達したことをあなたが明確にすればするほど、子どもがそれらを達成したことを誇りに思う可能性が高まります。お座りをしたり、ハイハイをしたり、自分で食べられるようになったことが、子どもにとってどれだけワクワクすることであったかについては覚えていますよね。

魔法のことばが実際に唱えられている事例

ケイトリン・スピアーは七歳になる娘オリヴィアの母親です。ケイトリンには、母親が営んでいるメイン州フリーポートの保育施設で、幼児から小学生までの子どもを相手にして一五年間働いてきました。ですから、オリヴィアが幼稚園に行きはじめたときに「一輪車表」を使うことは、慣れ親しんできたことのように感じました。現在オリヴィアは小学二年生で、自分の「一輪車表」を使うことが毎日の生活の一部となっています。

---

(2) これは、罰や報奨などの外発的な動機づけに対して、当人の内から湧き出してくる動機を指す言葉です。

「はじめる際に気をつけるべきことは、表に書いた項目が子どもに理解しやすくて、子どもの年齢と家庭が期待する内容に合ったものにすることです」と、ケイトリンは言います。

「二歳くらいの子どもでも、バスルームのごみ箱の回収やオモチャの片づけといったような簡単な仕事はできます。一〇代になれば、おそらく庭仕事や洗濯、それに一人暮らしの準備となるようなほかの家事なども行って、さらに熱心に手伝ってくれることでしょう」

「オリヴィアは、毎週、彼女がやりたいか手伝いたい仕事を一つ選んで、ピンク色の列からそれを取り外して『一輪車表』の端にマジックテープを使ってくっつけます。週の間には、彼女が選んだ仕事を手伝いたくないときもたまにありますが、そういうときには、柔軟に別の仕事を選ばせます。どちらかというと、彼女に手伝いをする習慣を身につけさせたり、自分で物事を行う方法を学ばせたりするほうが大切です」

ケイトリンがオリヴィアに頼んだ仕事には次のようなものがあります。

・テーブルを片づけて準備をする。
・埃(ほこり)を拭き取る。
・食事の支度を手伝う。
・食料品を運び、収納する。

・ペットの世話をする。
・掃除機とモップをかける。
・ごみを出す。
・洗濯物を畳んでからしまう。

「これらの仕事は、私自身が同じくらいの年齢のころに母に頼まれたことで、オリヴィアにもできるようになってほしいと思っています。それに、何かを成し遂げたオリヴィアはとても幸せそうです。ほかのことをやっていたいと思っているときに仕事にとりかかる場合には怒ることもありますが、仕事がうまくできたときは明らかに幸せそうな感じがします」

子どもを励まして、個人としての自立ができるようにすることは、子育てにおけるとても重要な目標の一つとなります。個人として自立ができると、自信がつき、他者への依存が減り、ストレスが減り、意思決定のスキルが向上し、自尊心が増し、視野が広がります。「一輪走行を選ぶ」ことは、子どもにとって大きな出来事を引き起こし、その成功を親子で一緒に祝うための簡単な方法と言えます。

魔法のことば4

された質問に答える

子どもにすべて言いたい衝動を抑える

自分の問いのなかにある答えを探しなさい。

（ルーミー）

問題――親が子育てを必要以上にややこしくしている

親と子どもが、かつてないほどコミュニケーションが取れるようになっていることは素晴らしいことです。かつてはタブーとされていた多くの話題（たとえば、セックス、アルコール、死、心の健康など）が、現在では気にすることなく話し合われるようになっています。しかし、話し合うことが好ましい結果にならない場合もあります。それはどんなときでしょうか？
端的に答えれば、子どもが処理しきれないほどの情報を得ているときです。子どもが質問をしたとき、私たちは必要以上にややこしく答えていることがよくあります。たとえば、以下のような場合です。

分かりやすい答え方

質問　お母さんはいつか死んでしまうの？

答え　そうね、生きているものはすべて死ぬものだから。でもそのときまで、あなたと一緒にいる時間はたっぷりあるのよ。

ややこしい答え方

質問　お母さんはいつか死んでしまうの？

答え　そうね、生きているものはすべて死ぬものだから。死んだら天国に行くと信じている人もいるの。天国というのは空の上にあって、すべての人が幸せになれる場所のことよ。死んだら別のものになると信じている人もいて、これは「生まれ変わり」と呼ばれているの。死んでも何も起こらず、すべての物質はただ形を変えるだけだと信じている人もいるわ。

お分かりですか。もちろん、これは大げさな例ですが、似たような会話はよく起こることでしょう。

親は、ある話題について長い間考えてきたので、ひとたびその話題に少しでも似た質問が出ると、堰を切ったように情報があふれ出てくるのです。子どもが情報を適切に処理できるように、質問からできるだけ離れないようにしましょう。やがて子どもも、死後にどんなことが起こるのかと、あなたが考えていることを知りたいと思うかもしれません。そうなったときに初めて、あなたが何を信じ、ほかの人たちが何を信じているかについて、選びながら説明をすればよいのです。

魔法のことば　された質問に答える

魔法のことばの一つに「された質問に答える」というものがあると私が言うと、親たちはたいてい笑います。みんなが通ってきた道であり、同じ過ちを繰り返し犯したことがあるからです。

私たちが物事を必要以上にややこしくすることさえやめれば、子育てはずっと楽になるでしょう。実際、「された質問に答える」という魔法のことばによって、あなたとパートナーが「私ならあんなふうには言わなかったと思うけどね」などと言うことなく、子どもに対する情報の伝え方について同意することがこれまでよりも増えるでしょう。この魔法のことばがあれば、子どもに処理しきれない情報を与えずに、子どもの自然な好奇心を尊重することも可能となります。

情報を与えすぎないようにするためのよい方法は、質問の一部を子どもに問い返してみることです。もし、「どうしておばあちゃんのところに毎週行かないといけないの？」という質問であれば、祖母の身の安全

私たちが答えや反応を分かりやすくすればするほど、子どもが私たちを信用して正直に話してくれる可能性が高まります。「された質問に答える」を学ぶことは、子どもと親に革命的な変化をもたらします。

を確認したいとあなたが思っていることを簡単に説明して、「どうして人は、お互いに訪ね合うのかしら?」と子どもに問い返してみましょう。子どもが質問について考えて、すべての質問に答えてもらえないことに慣れれば、子どもは質問の仕方がますます上手になっていくことでしょう。[1]

よい質問をすることは、学ぶことと生活することにおいてもっとも重要なことです。毎日、お昼ご飯を選ぶことから量販店で適切な商品を探すことまで、あらゆることに関して使うスキルだからです。私たちが経験する成功の大半は、適切な質問ができるかどうかにかかっています。[2] も

（1）協力者から、「自分が姪っ子に質問をされたときに、すべて答えようとしていました。とても参考になりました！」というコメントをもらいました。「魔法のことば4」は、授業でも同じですね。教師の返答は、多すぎ／長すぎます。結果的に、混乱させるほうが、答えになっている部分よりもはるかに多いと思います。教師は、よかれと思ってしていますから、質が悪いうえに修正が難しいです。さらには、職業病的な部分もあります。教えるのは自分である、という思い込みです。これについても、http://projectbetterschool.blogspot.com/2020/01/nhk.html の井本さんが行っている授業のインパクトは大きいです。「教師の役割って何でしょうね?」は、彼も最後まで答えられなかった気がします。しかも、彼自身がそのこと（＝教師らしからぬ振る舞い）を実践し続けていることに大きな価値があるとも思いました。

し、子どもの質問に対する答えを私たちが必要以上にややこしくしてしまったら、質問したいという子どもたちの気持ちを遠ざけてしまうことになります。物事をシンプルに保てるように、「された質問に答える」心づもりをしておきましょう。

あなたが明日にでもできること

これらのアイディアは明日にでもはじめることができますが、子育てを経験している間、ずっと実践することになるかもしれません。このことについて考え、時間をかけることには十分な価値があります。

小さなことからはじめる

本章の初めに出てきた、「お母さんはいつか死んでしまうの?」という質問の例を覚えていますよね。話題が何であれ、すべてに対して、できるかぎり分かりやすく答えてみてください。「今日の晩ご飯は何?」と子どもが質問したら、「マカロニ・チーズよ」と答えるように、もっとも簡単な答え方を考えて言ってみてください。もし、「どうして長靴を履かないといけないのか？」と尋ねられたら、「あなたの足を長靴が守ってくれるから」と答えることができます。それで、お・し・ま・い。冗談ではなく、真面目な話です。別の質問をされないかぎり、何も付け加えてはいけません。

問い返す

人は質問をすることによって多くのことを学びます。あなたが子どもにとっての知識の源泉でいることをやめて、子どもに運転席に座ってもらうのです。子どもに考えや意見を求めて私たちと一緒に考える仲間になってもらうと、子どもは自分自身を信用するようになります。こういうときに、「あなたは、どうして長靴を履かないといけないと思うのかな？」と尋ねてみることができます。

子どもの機嫌が悪いと、このような問いかけに乗ってこないかもしれませんが、いつかは自分の考えについて会話を交わせるはずです。そうなると、あなたはたくさんの発見があることに気づくでしょう。

（2）このことを学校の授業で扱っている（しかし、職場や大学や社会教育の場でも使えます！）本が『たった一つを変えるだけ』（ダン・ロススタインほか著／吉田新一郎訳、新評論、二〇一五年）ですので、ぜひ参考にしてください。

振り返る

一日の終わりに参考になるパターンを探します。どのような話題について、分かりやすく答えるのが難しいと思いましたか?「された質問に答える」ことで、あなたと子どもの会話はどのように変化しましたか? きっと、以前よりも子ども中心の話をするようになり、自分の話が減ったことに気づくでしょう。このことについて、あなたはどのように思いますか?

完全実施に向けての青写真

ステップ1 「子育てノート」を使って、重要な会話の話題を書き留める

小さくて、自分では何もできない子どもの世話をして、その安全を確保するだけでなく、情報を授けることが親であることのもっとも重要な仕事となります。「**記録シート4**」(二一五ページ)を参照して、記入例とあなた自身が記入するための欄を確認してください。重要な話題となる項目を「子育てノート」に記入します。例として、次のようなものがあります。

・夜は怖い時間帯か?
・なぜ、人は結婚するのか?

・みんなと違っていてもいいのか？
・セックスとは何か？
・天国は存在するのか？
・サンタクロースは実在するのか？
・人は、死んだあとどうなるのか？
・離婚とは何か？

ステップ2　支援してくれる人たちと話す

このとき、あなたのインターネット上の親友や実生活上の親友が役立ちます。たとえ我が子が過剰なほど好奇心に満ちているように思えても、おそらく、ほかの親たちも同じような経験をしたことがあるはずです。

その重要項目について、子どもとどのようにして話し合ったかを紹介したいと思っている親は、世の中にいくらでもいるでしょう。子どもが小さいうちは、おそらくこれらの会話を聞いても気にならなかったでしょうが、子どもが重要な質問をしはじめると状況は一転します。

私は、ほかの親たちが重要項目についてどのように対処したのかという話は、いくら聞いても聞き飽きることがありません。たまに、誰かが子育て中の厄介な質問に対して独創的な対処方法を教えてくれたりすると、一生感謝したい気持ちにもなります。

ステップ3　いくつかの標準的な答えを用意しておく

「子育てノート」に、あなたの答えを書いておきましょう。その瞬間、これらの重要項目についての自分の考えを思い出せると思ってはいけません。もし、子どもが重要な質問をしたのに、準備ができていないとあなたが感じたら、あとで答えさせてほしいと頼みましょう。でも、必ずその約束を守ってください。

本書の後半で、「魔法のことば7」となる「正直は信頼に含まれる」について触れますが、今のところは、子どもがあなたを信用するのは、あなたが本当のことを言うと分かっているからだということを覚えておいてください。

子どもが何度でも話しに来られるように、あなたは真実を伝えなければなりません。つまり、その情報を見つけるために何でもして、そのことについて子どもに話して聞かせる必要があるということです。時には、会話のきっかけとして、絵本が信じられないほど役立つ場合があるかもしれません。世の中には、ほとんどすべてのテーマに関するいい絵本がたくさんあります。それらをネット検索してください。(3) あなたの準備ができたら子どもに知らせて、「された質問に答える」のです。

ステップ4　子どもが満足する、分かりやすい情報をいくつか与えたら、それでお・し・ま・い

間違いなく、この魔法のことばのもっとも難しくて、もっとも大事なところです。早産で生まれた赤ちゃんのジュニパーがどうやってこの世にやって来たのかについて話して聞かせたいと思ってあなたがワクワクしていても、子どもはそれについて聞くだけの準備ができていないことがあります。仮に、子どもがあなたに「ジュニパーがどこから来たのか」と尋ねても、「お母さんのおなか」より詳しいことは知りたくないかもしれません。

された質問をよく考えてください。もし、子どもが本当にもっと知りたいと思っているならば、「赤ちゃんはどうやっておなかの中に入ったの？」というような、より深い質問をすることでしょう。でも、その質問にしても、子どもはただ、お母さんのタマゴの中に入る種をお父さんが持っているということを聞きたいだけかもしれません。性の基礎知識に進むのは、子どもの質問がすべて出尽くしてからにしましょう。

注意すべきことがあります。この機会は、あなたの答え方によって子どもの問いかけを台無しにしないということが肝心となります。大人ではよくやることですが、皮肉を用いて話すことは、子どもに対して適切である場合はほとんどありません。

（3）　探しても見つからなかった場合は、pro.workshop@gmail.com に連絡ください。

大人が子どもに情報を与えすぎると、子どもは恐怖を感じるものです。恐怖を感じている子どもは、感情を内面に閉じ込め、その状況が実際よりも怖いものと考えがちとなります。私たちの答えや反応が分かりやすいものであればあるほど、子どもが私たちを信用して、正直に話してくれる可能性が高まります。「された質問に答える」ことを学ぶことで、子どもと親に革命的な変化がもたらされます。

課題を乗り越える

「された質問に答える」はとても分かりやすい魔法のことばのように思えますが、いくつかの課題が予想されます。そのような課題の乗り越え方には次のようなものがあります。

課題1 子どもには情報が与えられるべきだと思います。もし今、その質問に十分に答えなければ、もう二度とチャンスが来ないかもしれません

はっきり言って、私は子どもに真実を伝えることに大賛成です。しかし、大人であるということは、子どもよりも長く生きていて、より多くを経験しているということです。また、あなたの

情報処理の仕方が子どもとは異なるということでもあります。

物事を知っているからといって、それが実際に起こる可能性がより高まるわけではないことをあなたは理解しています。しかし、子どもの場合はそうではありません。子どもが物事を学ぶと、彼らはすぐにそれが自分に起こると考えてしまいます。それが発達上の事実です。

子どもは自分の質問に答えてもらう必要がありますが、すべてを一度に知る必要はありません。子どもが答えを必要とする質問は、その都度出てくるからです。ここであなたが覚えておくべき大切なことは、子どもに信頼できる情報源のところにまた戻ってきてほしいということです。今、情報を与えすぎてしまうと、子どもが耳を貸さなくなるか、あるいはさらに悪いことになる（つまり、あなたのもとへ戻ることを完全にやめてしまう）可能性が高くなってしまうということです。そして、あなたの代わりに、どこの誰か分からない人の説明を受けてしまうかもしれないのです。子どもにとって、分かりやすく、信頼できる情報源でいるように心掛けてください。

課題２　子どもが恥ずかしがって質問できない場合はどうしますか？

これは、もっともなことです。子どもの質問が、彼らの認知発達において欠くことのできない部分であることを示す研究があります。この研究が正しいとすると、子どもが勇気と自信をもって質問を一つか二つできるように、あなたは助けてあげなければなりません。これをするには、信頼と忍耐をもつこと以外に方法はありません。

子ども自身や子どもの質問を決して馬鹿にしてはいけません。子どもが質問する方向へ少しでも前進したら、子どもが初めて「ママ・パパ」と言ったときや、寝返りを打ったときと同じように、成長の一歩一歩をお祝いの対象にしてください。そして、質問されたときにはいつでも、できるだけ分かりやすくそれに答えてください。こうすることで、さらに多くの質問が出てくることでしょう。

課題3　まだその情報を聞く準備ができていない友達に、子どもが新しい知識を話して聞かせたらどうしますか？

あなたの責任は、あなた自身の子どもに対してあります。だから、子どもがする質問に答えてください。しかし、その質問に関する情報が、すべての親が子どもと話すわけではないと思われるような内容であった場合は、「その内容を話す相手に気をつけて」と子どもに伝えることができます。

子どもは、友達にその新しい知識を話して聞かせるでしょうか？　そうするかもしれませんが、その情報が正確で、同年齢の子どもにとって理解しやすいものであれば、なんの問題もないはずです。ほかのすべての子ども一人ひとりに対して準備をすることは、あなたにはできません。

魔法のことばが実際に唱えられている事例

「ピリオドって何？」と、一〇歳になる私の息子が車の後部座席から尋ねてきました。

「どういう意味かしら。文の終わりにつける点のことを言っているの？」と私は答えました。私は「された質問に答える」ことを、とても真剣に受け止めているのです。

「違うよ。女子に関係していること。困っているんだ。五年生の終わりころに話があったんだけど、聞き逃したんだ。みんなはそれを知っているのに僕だけ知らないから、なんか馬鹿みたいな感じなんだよ」

もっともな話です。私たちは九歳の娘と一緒に車でショッピングモールに向かっていましたから、思春期について話すのに絶好の機会だと判断しました。

息子が質問をしてから、私が「された質問に答える」ために全力を傾けるまでの一五秒間に、私は「子育てノート」に書き込んだことをなんとか思い出そうとしていました。そして、夫と私が（彼は、その役目が私であるように祈っていましたが）子どもには何が必要かについて決めていたことを思い出しました。

❶真実。
❷質問に回答があること。
❸理解するまで、時間がかかっても複数の方法を試すこと。
❹必要があれば、与えられた情報の処理に専念できること。
❺今の時点では、その知識を追求しないと決断してもいいこと。

それから私は、その質問に答えはじめました。

「月経（ピリオド）は、女子の体にある膣から出血すること。だいたい、一一歳とか一二歳からはじまって、毎月一回起こるの」と、私は言いました。

「そうなんだ」と息子が言いました。

「なんですって?!」と娘が言いました。

「その日は学校を休むのかな?」と息子が聞きます。

「だといいんだけどね」と言って私は笑いました。「でも、休まないわ。そこまでひどくはないから」

このときの会話は、ほとんど質疑応答の形式で進みました。すると、話の向きが変わりました。

「月経で女子の体が赤ちゃんを産む準備ができるなら、どうして一一歳のときにはじまるの?」

と息子が聞きました。

「そうね、厳密に言えば、女子は一一歳で妊娠が可能であるということになるわね」

ここで、気まずい沈黙が流れました。息子はスマートフォンを再びいじりはじめ、娘は読書を再開しました。この会話がやがて再開することは分かっていますが、今のところはおしまいです。

よくやった、私。

「された質問に答える」には、子育て関連の本も特別なプログラムも必要ありません（一部、考えをまとめるのに役立つ可能性のあるものはありますが）。ただ、あなたがそこにいて、正直に、言葉に気をつけて話せばいいのです。

最近の親たちが、子どもと重要な話題について気兼ねせずに話せることは素晴らしいことですが、だからといって、子どもに大人の会話に加わる準備ができているわけではありません。「された質問に答え」て、その瞬間に留まってください。子どもは、次第に新しい質問を生み出すようになるでしょう。

魔法のことば5

空腹、怒り、寂しさ、疲れ (KIST)

決めつける前に、基本的な欲求を満たすための世話をする

案内人のいない旅人は、
2日で終わる旅に200年をかける。
（ルーミー）

問題――全体像を無視して子どもに罰を与えてしまう

親なら誰でも、こういう瞬間を経験したことがあります。子どもがメルトダウン（感情崩壊）を起こしている理由が、甘えではなくて空腹だと気づく瞬間です。その瞬間まであなたは、子どもに「心を落ちつけなさい」と言ったり、どうして店の真ん中でこんなことになってしまったのだと頭を抱えたりするでしょうが、そのとき急に、午後一時三〇分だというのに昼食をまだ食べさせていなかったことに気づきます。

こういうこともあるものです。自分を許してあげてください。基本的な欲求が満たされていない相手には何も教えられないことを、私たちは忘れてしまうものなのです。

アメリカの心理学者であるエイブラハム・マズロー（Abraham Harold Maslow, 1908~1970）が、「マズローの欲求五段階説」をつくったことはよく知られています。彼の理論によれば、人間が自己を確立できるようになる前に、満たさなければならない基本的な欲求の順番があるとされています。

マズローのモデルでは、生理的欲求が一番下にあり、ほかのどんな欲求が満たされるより前にそれが満たされなければならないことを示しています。その生理的欲求とは、呼吸、食事、水、性、睡眠、恒常性（ホメオスタシス）[1]、排泄のことです。

その一つ上の段階に安全の欲求があり、続いて愛と帰属の欲求、承認の欲求、そして最後に自己実現の欲求があります。あなたが子どもにより高い位置にある欲求のことを教えたければ、まずは、その下にある欲求を満たすようにしてください。視覚資料が欲しい場合は、「マズローの欲求五段階説」をネット検索して、いくつかの画像をクリックしてみましょう。

親として、また教師として、私はこれが正しいことを何度となく目にしてきましたので、この理論を支持しています。子どもが朝食をとらずに学校に来たときには、その子どもに何か食べるものを私が与えるまで、彼らはまともに活動することができませんでした。親が離婚するので怒っている子どもや、お腹がすいている子どもが、果たしてアルファベットを学ぶことに関心を示すでしょうか。

私たちがもっとも忘れていることであり、子どもとの距離を縮めてくれる

（1）環境が変化しても体の状態を一定に保とうとする働き（維持機能）のことです。たとえば、暑くなったら体は勝手に汗をかいて体温を下げようとします。

基本的な欲求が満たされたときの落ち着いた状態を見ていると、奇跡としか言いようがありません。

ことは、基本的な欲求が最初に満たされなければならないということです。立ち止まって、子どもをそばに引き寄せて、子どもが生理的、感情的に何を必要としているのかについて理解するつもりがあなたになければ、いくら計画を立てても意味がありません。

魔法のことば　空腹、怒り、寂しさ、疲れ（KIST）

健全な子育てをするためのカギは、世話と気づきの組み合わせです。子どもの世話をして特定の兆候を認識することによって、あなたは多くのかんしゃくや誤解、そして欲求不満を回避することができます。ここで唱える魔法のことばは「KIST」です。この便利な略語によって、あなたは少し時間をとって、子どもが空腹なのか、怒っているのか、寂しいのか、あるいは疲れているのか、自らに問いかけることを思い出せます。

単純なことのように思えますが、これらの基本的な欲求が満たされていないと、何を言っても通じないものです。幸運なことに、空腹、怒り、寂しさ、そして疲れには容易に対処することができますし、限界に達する前の警告システムとしても役立ちます。

立ち止まり、確認し、基本的な欲求に対処をすることを習慣にすると、子どもたちにも同じことをするように私たちは教えていることになります。一方、基本的な欲求に関する兆候に気づけない人が、気分をよくするほかの方法を見つけてしまうということも事実です。たとえば、肥満やアルコール中毒や麻薬中毒になってしまう子どもたちのことです。

子どもは、基本的な欲求を満たすことにすべてを費やしているのです。夕食が出される三分前に子どもが感情崩壊を起こすのを見たことがある人なら、私が何を言っているのか分かるでしょう。

空腹は体の欲求です。食べたいという欲求を理解することは極めて容易なことです。しかし、子どもに食べ物を与えるだけでなく、しっかりと食べさせることを忘れてはいけません。栄養必要量を満たすことによって子どもの体は潜在能力を最大限に発揮し、気分よく過ごすことができるからです。

怒りは正常で健康的な感情です。大切なことは、「ＫＩＳＴ」を唱え、何が子どもの怒りの原因になっているのかと理解する時間を少しとり、子どもがその気持ちを適切に表現できるように支援してあげることです。これには、時間と忍耐が必要となります。子どもは幼稚な態度をとってもかまいませんが、親は落ち着きを保ち、子どもがその怒りを通り抜けられるように手助けする必要があります。

寂しさというのは、一人きりのとき、または大勢の人に囲まれているときに起こる可能性があります。子どもは自分の生活をコントロールすることができないので、大人が予想もしないときに寂しさや不安を感じる場合があります。

レストランやパーティー会場など、いつもどおりの生活を送っている自宅以外の場所でも寂しさの兆候に目を光らせてください。子どもは、普段やっていることが変わったというだけで、寂しさを感じることがあります。そういう子どもは、態度で表したり、注目されたがったりするほか、あなたが誰にも目撃されたくないと思うような行動をとったりするものです。

疲れは、体と心と精神に大きな悪影響を及ぼします。毎日、いろいろな活動をさせることが子どものためだと私たちは考えています。もし、活動エネルギーが不足すると、子どもの思考力と対処能力は低下します。また、子どもが一〇時間以上の睡眠をとることも重要です。つまり、あなたが時計を気にすることで、子ども自身が時間を管理できるように手助けする必要があるということです。

子どもに何かをやり遂げさせたいときには、早くはじめることを忘れないようにしてください。寝る時間を五分過ぎてから支度をさせるようなことは、毎日の習慣にはしたくありません。

あなたが明日にでもできること

「KIST」をおさらいする

これらの四つの基本的な欲求は、一日中、どの時間帯にも存在します。それらを探してください。これは、自分自身に対しても定期的に唱えたい魔法のことばです。子どもが分別のないように見えたり、子どものせいであなたが何も成し遂げられていないように思ったりするとき、あなたを落ち着かせてくれます。

私は、これらの欲求のうちのどれが満たされていないのかと思いつくまで、小声で「ＫＩＳＴ」と繰り返し言うようにしています。

基本的な欲求のコーチになる

「お腹が減っているのね。何か食べ物を持ってきましょう」というようなことを言ってください。あなたの子どもが私の子どもと同じなら、この時点でパニックになって「空腹ではない」と言い張ることでしょう。それでも、子どもを台所へ連れていくか、バナナを手渡すのです。

「された質問に答える」や「終わりから考える」のように、この魔法のことばはシンプルな使い方をすると分かりやすく、とても素晴らしい効果を発揮します。基本的な欲求の問題が起こったとき、その対処方法が自分の道具箱の中に用意できているように、**「記録シート5」**（二一四ページ）を使って基本的な欲求の対処方法を明らかにしておきましょう。そうして、問題が起きたときに道具箱の中からその対処方法を探せばいいのです。

急激な変化に注意する

基本的な欲求が満たされたときの落ち着いた状態を見ていると、奇跡としか言いようがありません。このことを覚えておいてください。それを思い出すことが、一年を通して必要になります。

「ＫＩＳＴ」の前後の様子を写真に撮ることも役立つかもしれません。子どもがかんしゃくを起こしている最中に親がスマートフォンを取り出す様子を見ると多くの人が眉をひそめることは知っていますが、秩序を取り戻すためですから仕方がありません。さらに、どの欲求が満たされていないのかが分かるまで、ただひたすらそこに座って待つこともあります。

その狂気のような瞬間の写真を撮り、それからあなたの新しいコーチング・スキル(2)を使ってください。それから、機嫌のよい瞬間の写真を撮ります。これらの写真を保存しておいて、見直すようにしましょう。次の狂気の瞬間に思い出せるように、それらを記憶に留めておく必要があります。

子どもに問題とその解決策を明確に伝える

「ほら、ゲームの最中にあなたは腹を立てていたでしょう。でも私たちは、あなたがまだ食事をしていなかったことに気がつきました。あなたは、ただお腹が減っていただけ！　バナナを食べて、もう気分はよくなったでしょう。さあ、戻ってゲームをしましょう。私に勝てるかしら！」

こう言えば、子どもは行動と感情の関係に気づき、自らの欲求への対処方法が分かることでしょう。私の周りにいる大人にも、この「ＫＩＳＴ」のようなトレーニングを子どものときに受けてほしかったと思う人が何人もいます。

（2）「コーチング」は、スポーツの分野で選手の潜在能力を高めることを目的とした「質問型」の指導方法のことで、具体的に指示することではありません。その基本的なスキルには「観察」、「傾聴」、「質問」、「評価（承認）」が含まれます。

完全実施に向けての青写真

ステップ1 子どもの感情を言語化して伝える

一日を通して、子どもが経験している感情を言語化して伝え、それについて話し合いましょう。「まあ、あなたは疲れていたのね」とか「怒るという状態は正常で大切なことよ。何が原因でそんなに怒っているのか、私に教えてくれる？」というように言ってみます。

これがうまくできるようになってきたら、ほかのさまざまな感情についても同じように話してみるとよいかもしれません。ほとんどの大人が言うのは、「元気」か「最高」か「まあまあ」か「いまいち」くらいです。これらの言葉は、私たちにあまり多くのことを伝えてくれません。それどころか、自分の感情を隠すために使っている可能性もあります。

あなたの子どもが感じている感情に対処するためには、まずそれを明らかにしなければなりません。実際、ある感情が明らかにされて言語化されると、人はそれに対処しやすくなります。

ステップ2 基本的な欲求のそれぞれを解決する方法を確立する

すべての人に、これらの基本的な欲求は一日を通して不意に現れます。それらへの対処方法を学ばないと、欲求をより不適切な方法で満たそうとしてしまいます。基本的な欲求に対処するためのスキルを子どもが学べるように手助けしてあげましょう。そのときこそが、あなたの「子育てノート」を取り出して、基本的な欲求の対処方法をいくつか書き留める最高の瞬間となります。

子どもが小さい間は、あなたがこれらの基本的な欲求を満たすことになりますが、成長とともに、子ども自身が自分の欲求に気づき、対処してほしいと思うことでしょう。自分と子どもに「ＫＩＳＴ」を思い出させて、それを使うことを忘れないように心に焼きつけておいてください。

このように思いやりの心をもって人を導く方法が「子育て」と呼ばれているわけです。だから、こんなに大変なのです。「ＫＩＳＴ」を見つけて、対処して、さらに子どもがそこから学べるように、そのときにどのようなことをしたかについて話し合う必要があります。

ステップ3　学び支える掲示物をつくって張り出す

学び支える掲示物をつくる機会に恵まれている教師なら、その方法を学ぶことは理にかなっていると言えます。この掲示物は、自己評価するのを助け、自立を支える道具であり、子どものすることを、目で見て分かる証拠として残すものです。この掲示物は一時的に使用するものですから、子ども（とあなた）が「ＫＩＳＴ」の基本的な考え方を覚えて、定期的にそれを使えるようになれば捨ててもかまいません。

K　空腹　規則正しく食事をとる。軽食を持ち歩く。体によいものを選んで食べる。

I　怒り　静かにする。深呼吸する。「～だから私は今怒っている」と言ってから「今、私に必要なことは～」と言う。

S　寂しさ　誰かに助けを求める。信頼している人に抱きしめてもらう。誰かと会話をする。

T　疲れ　規則正しく睡眠をとる。昼寝をする。静かな活動をする。

課題を乗り越える

この魔法のことばがどんなに分かりきったものに思えても、混乱した子育ての緊急事態の最中にいると、人はいつでも、あなたに違うことをするように助言するものです。彼ら／彼女らは親切心でそうしているのでしょうが、あなたは「ＫＩＳＴ」がそのようなときに効果があり、予防策になることを知っていますから安心していてください。あなたがよく耳にすることになるであろう他人の主張は次のようなものです。

課題1　あなたは子どもを許してしまうのですか？

何を教えるべきか選ばなければならない瞬間が、子育て中に何度もあります。基本的な欲求を最優先すべきであるということを子どもに教えることが、長期的な戦略になります。こういう反対意見を言う人たちには、「他人の要求に敏感に反応する人」ではなく「自己認識ができる人」を育てようとしている、と伝えましょう。

身の周りのことを自分でする方法や、安全のための手段を学んで後悔した人はいませんが、自分自身のルールを設定する方法を知らなかったことを多くの人が後悔しています。

課題2　パーティーがはじまったばかりなのに、もう帰るのですか？

私たちが親として払っている犠牲はたくさんあります。大切なことは優先順位をつけることです。子どもが疲れていると、それが理由であなたの生活が「生き地獄」になる可能性がありますので、子どもが朝寝坊できないということがはっきりしているなら、パーティーから早めに帰るべきです。しかし、夜間の活動を楽しんで、翌朝はゆっくりと寝ていられる子どもであれば、夜更かししても十分な睡眠をとることができますから早めに帰る必要はないでしょう。いずれにせよ、あなたが決めてください。

課題3 私の時代は一日三食を食べたものです

もちろん、間食なしの一日三食が最適という子どももいますが、なかには、もっと頻繁に血糖値を調整する必要がある子どももいます。間食を持ち歩いてください。栄養のあるものにするといいでしょう。

子どものことを一番よく知っているのはあなたなのです。もし準備がないと、空腹の子どもが行き着く結末に対処する必要が出てくることを忘れないでください。

課題4 一人になって心を落ち着けなさい、と子どもに言うべきです

研究によれば、「その場を離れずに心を落ち着ける」ほうが、怒りや寂しさを感じることで引き起こされる行動と闘う際には有効であると指摘されています(3)。

子どもでいること自体が楽なことではないうえに、一人で心を落ち着けるときの孤独感は直面しうる事柄のなかでもっとも恐ろしいことですから、その恐怖によってより悪い行動につながる可能性もあります。そんな事態をうまく解決できる方法があるとすれば、愛情をもっている人が子どもを抱きしめてあげることかもしれません。また、そうすることで同じ事態の再発を防げる可能性も生まれます。

魔法のことばが実際に唱えられている事例

何かが違うと思ったときは、何が起こっているのかを明らかにするために、私たちは子どもを注意深く観察しなければなりません。子どもの基本的な欲求を確認するために彼らの行動に注意して、「ＫＩＳＴ」を用いることによって、子どもの感情崩壊を回避したり、和らげたりするといった手助けができます。

一児の母であるエミリー・ポペックさんが次のように言いました。

――一度、娘が昼寝から目覚めたとき、怒りのあまり逆上していることがありました。彼女は支離滅裂なことを叫んでいて、足で蹴り、私が彼女に触れるのを許しませんでした。怖いと

（3）　翻訳協力者から、「特別支援教育などでは、子どもがパニックを起こしたときは一人にさせることが多いので、どちらが正しいのだろうと思いました」というコメントをもらいました。対象とする子どもの違いによるかもしれません。『生徒指導をハックする』（二〇二〇年中に刊行予定）では、問題を起こした生徒を教室から出すことで一時的な解決にはなっても、それで問題行動や問題行動の被害者たちとの関係がよくなることはないので、対話をするアプローチこそが「関係修復のアプローチ」であると書かれています。

感じるほど彼女は錯乱状態に陥っていたのですが、何が原因でそんなことになったのかまったく見当がつきませんでした。

ようやく私は、彼女がその日のお昼ご飯を食べておらず、おそらく非常に空腹であるということに気づきました。私は走って一階へ行き、ヨーグルトを持ってきて、ベッドの中にいた娘に食べさせました。

数分後、娘はいつもの様子に戻ったように見えました。細部は異なりますが、似たような状況がその後も何度かありましたが、少なくとも今は、その問題にもう少し早く気づいて、彼女の血糖値を安定させるために何か食べさせることができています。

時には、私たちも親として、いつもと様子が違うとか、調子がよくないと感じるときに自らを確認する必要があるでしょう。結局のところ、私たち親にも基本的な欲求があるわけですから。

二児の親であるエリザベス・パジル－ホゲンさんが次のように話しました。

今年の夏のある日、いつもの運動を終えて、私は慌ててシャワールームに駆け込みました。その日の予定に子どもたちを早く連れていかなくてはと、イライラしていたのです。シートベルトを締めるや否や私は、車庫から車をバックさせながら子どもたちが掃除をしないことについて怒鳴ってしまいました。

「あなたたちは、ただ散らかして、ほかの人に片づけてもらうだけ。もし、メイドを雇いたいなら、ちゃんと私にお金を払ってちょうだい。でも私は、メイド兼ママにはなれないのよ！」と、私は叫んだのです。

　すると、一二歳になる長男がこう言いました。

「別に口答えをしようとは思ってないよ。自分たちで掃除をしないといけないことも分かっている。でも、そろそろ午後二時だよ。ママは運動して、そのあと、お昼をまだ食べていないよね。だから今、イライラしているのかもしれないよ」

　確かに、彼の言うとおりだったのです。


世話が必要なのは、親も子どもも同じです。みんなが「ＫＩＳＴ」を唱えて、今起こっている混乱状態を解決できるのが、食べ物か、なだめてもらうことか、なぐさめてもらうことか、睡眠なのか、これらを確認する必要があります。

私たちみんなが、毎日、自分の基本的な欲求に対処する必要があることを「ＫＩＳＴ」が思い

出させてくれます。これはもっとも簡単で、すぐにうまくいく子育ての方法であり、子どもが成長したあとも、長きにわたって恩恵を受けることができます。

少し時間をとって、自分のことを考え、欲求に気持ちを集中させることは、何百年もの間、人々が求めてきたスキルです。まずは自ら実践して、基本的な欲求の声に耳を傾ける必要があることを子どもたちに教えましょう。

魔法のことば6

価値は過程のなかにある

考える時間を確保する

声と存在の間には道があり、
そこに知識が流れている。
規律のある沈黙のなかで、それは開き、
迷走する話し合いの場で、それは閉じる。
（ルーミー）

問題――子どもに十分な時間を与えていない

この問題の見方は二通りあります。

一つ目は、質問されたことをすでに知っていることと結びつけるために、じっくり考えるだけの時間を、私たちが子どもに与えていないことです。子どもがそれをできるようになるには十分な時間が必要なのです。

二つ目は、私たちが、物事の結果にしか価値を見いださないことです。何かを理解する過程は単純なものではなく、時間の無駄のように思える可能性もあります。あることをあなた自身がすでにもっている知識に結びつけて、それをあなたの一部にする方法は、子どもが知識を発達させる過程とはかなり違います。

「洗濯籠に脱いだ服を入れなさい、これのいったい何が理解できないの？」と、何度言ったか分かりません。しかし、これでは、学ぶことを手助けしていることにはなりません。私が言ったことを相手が正確に理解していないからといって、その人が学べないということにはならないのです。むしろ、私がもっと上手に手本を見せたり、子どもに考える時間を与える必要があります。

親はよく、子どもの沈黙について、そのことについて理解したか、または関心がないかのいずれかだと解釈してしまうという間違いを犯します。子どもの沈黙は、次のようなことを示しているのです。

・言われたことについてまだ考え中である。
・怒っていて、そっぽを向いている。
・混乱しているため、次に何を言うべきか、何をすべきか迷っている。

過程（プロセス）について大事なことは、人それぞれが異なっており、頭のよさとは関係がないということです。処理速度とは、情報を取り込み、それを理解し、対応しはじめる速度のことです。この情報は、文字や数字のような視覚的な場合もあれば、話し言葉のような聴覚的情報である可能性もあります。子どもに質問をしたり、情報を与えたりすると、彼らはこれらの言葉を受け止め、新しい情報をすでに学んだ情報と結びつけなければなりません。一瞬でできることもありますが、ほとんどの場合、処理に時間がかかるものです。

もし、私たちが、子どもが出す答えに評価や報酬を与えてしまうと、私たちは人間であることの意味を見失ってしまうことになります。自分が取り組むこと、自分が考えること、そして自分が質問することが重要であることを、子どもたちも知っておく必要があります。答えを目指して子どもは過程を進んでいきますが、「価値は過程のなかにある」のです。

魔法のことば　価値は過程のなかにある

私たちは、過程の内容を具体的に見せたり、話したりすることによって、その大切さを子どもに示す必要があります。これを専門用語では、「思考の可視化」とか「メタ認知の共有」と呼んでいます。

子どもがやるべきことをルーティン化できると、私たちは思考の可視化に成功したことになります。そのさまざまなパターンを用いて、一緒に学習したり、作業したりします。ルーティンとは、目標を達成するために繰り返し用いられる過程のことを言います。家庭には、子どもの行動を管理し、整理し、意思疎通をするためのルーティンがあります。ルーティンは、子どもが学びの過程に取り組む方法を体系化するのにも役立ちます。従う過程があることを子どもに示すことで私たちは、「過程を大切にすることに価値がある」ということを、子どもが理解できるように手助けしていることになります。

次のことについて考えてみてください。もし、子どもが、親が自分にしてほしいことは洗濯籠を自分の部屋に置いておくことだけだと思っているとしたら、彼らは、過程を大切にすることが価値のあるスキルだということを理解していないことになります。あなたは、部屋の中を歩いて、脱ぎっぱなしの服を探す様子を見せながら、「おや、洗わないといけないシャツがここにある。洗濯籠に入れておこう。そうすれば、お母さんも見つけやすい」とか「洗濯籠の中に全部入れておけば、洗濯するとき一か所にまとまっていて楽だな」などと言ってみましょう。(1)

「過程を大切にすることに価値がある」のは、ルーティンに従って同じことを繰り返す日常生活のほうが楽だからです。予測不可能と思っていた日常生活が理にかなったものになります。

こんなことをするのは馬鹿馬鹿しいと思うかもしれませんが、「来週着る清潔な服がほしい」と思ったとき、そこに至るまでの過程が分かる大人とは違って、子どもはその過程を考えていないというのが実情です。子どもは、その過程を自分のものにできるだけの経験を積んでいないのです。

子どもにスキルを教えるだけでなく、経験というものをつくってあげることまで考えてみまし

（1）これを「考え聞かせ」と言います。頭の中で考えていることを口に出して聞かせることです。そうすることによって、通常は見えない頭の中の思考を知ってもらうことができます。まさに、「過程を大切にする」ことを理解してもらえる方法と言えますので、ぜひ多用してください。なお、これをすることは読み聞かせと同じか、それ以上に子どもの読む力をつけることにも役立ちます。『読み聞かせは魔法！』（吉田新一郎著、明治図書、二〇一八年）を参照してください。

ょう。服の洗い方を教えるのではありません。あなたは子どもに、まず引き出しから清潔な服を取り出し、着て、その後、汚れた服を脱ぎ、その服を清潔な状態で引き出しに戻すまでの一つ一つの動作を行って、教えていくのです。

過程（プロセス）の素晴らしさが分かるようになると、人はその経験を一般化しはじめるようになります。たとえば、洗濯する必要がある服を探して、それを正しい場所に入れることを知っている子どもであれば、流しに持っていくほうがよい食器を探したり、翌日のためにカバンの中に入れておくべき本を探したりすることにも類似性を見いだすでしょう。

子どもが作業をするレベルから、過程を理解するレベルに到達することが転機です。子どもがすべきことをしていなかったり、覚えたりすることが遅いと感じて、慌てたり、イライラしてしまったら、「価値は過程のなかにある」という魔法のことばを繰り返しましょう。あなたは、子どもにとってより良い先生になれますし、やがては子どもが目標を達成するための過程を設計しはじめることでしょう。素晴らしいですね。

子どもに考える時間を与え、過程を大切にして、日々の生活にはじっくり取り組むだけの価値があるというメッセージを子どもに伝えるのです。

あなたが明日にでもできること

「なぜ」と「どのように」を説明する

家の中における毎日の仕事に関して「何」をすべきかということについて私たちは非常にうまく伝えることができますが、「なぜ」と「どのように」を伝えることの重要性については忘れがちです。根拠を提供しなければ、子どもたちは反抗的になる可能性が高いものです。目的がなさそうに思えることをしたくないと思うのは、大人も子どもも同じなのです。

家の前に自転車を置いておくと、誰かの車に轢かれてしまうかもしれないと分かっていれば、ガレージに入れることがより簡単になります。さらに、乗りたいと思ったときにいつも同じ場所に自転車があれば便利です。

これから取り組む片づけ、または整理整頓の過程を一つ決める

子どもには、一度にあまり多くのことを与えないということをすでに学びました。このときも、急がずにゆっくりやるべきです。

子どもに学ぶ準備ができているとあなたが思えば、片づけか整理整頓する過程を一つ選びま

す。毎回のようにあなたの血圧を上げるのが子どものどの行為かを思い出すことによって、決めることができるかもしれません。私にとっては、子どもが図画工作をしたあとの散らかった状態です。あなたにとっては別の状態かもしれません。

子どもに言っていることを実践する

あなた自身がその過程の手本とならなければ、うまくいかないものです。あなたが苦痛を感じながら調理用具の片づけをしていたら、子どもに過程の価値を示していないことになります。その過程のなかにある価値は、仕事が成し遂げられ、それを実践するたびに上達していくということです。

子どもが必要な道具を持っているようにする

子どもは、きれいな状態のときに、その場所がどのように見えるのかということを知っておく必要があります。そして、その場所を掃除するときに使う道具がどこにあるのかも知っておかなければなりません。適切な道具を見つけることも過程の一部であると子どもが理解するまで、手助けをしてください。

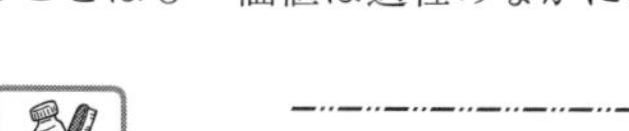

過程の最中に子どもをほめる

これは、決定的な違いを生みます。私たち親は、子どもにやることを伝えたら作業が終わるまで話しかけてこないようにと、ずっと言ってきました。このような行為は、「過程は、ただ寂しくて長いものである」という意識をさらに強くしてしまうだけです。その代わりに、子どもが掃除している間励ましてあげてください。そして、装飾に使ったスパンコールのいくらかが、ちり取りの中に入ったことがどんなに素晴らしいことかを子どもに伝えてください。

スティック糊のいくつかを、ゴミ箱に投げて入れられるかどうか、子どもにさせてみましょう。過程は辛いものである必要はないのです。子どもは笑うかもしれませんが、こうすることで「やり終えなければならない」と感じることが少なくなり、より「家族の時間」という感じがするものです。「価値は過程のなかにある」のです。

完全実施に向けての青写真

芸術家や科学者、そして弁護士が、段階的に問題を明らかにし、解決策を見つけるために用いる場合と同じ過程を使うことで、たとえ一時間おきに問題が起きたとしても必ず子どもたちを助けることができます。

ステップ1　子どもと向き合う前に課題を明らかにする

あなたは、子どもに何をするように求めていますか？　最終的にどのような結果を見たいと思っているのかを、正確に説明する必要があります。あなたが期待する最終結果の一例を子どもが見ることができれば、非常に役立ちます。それを与えることを計画してください。

「**記録シート6**」（二一二ページ）を確認して、例とあなた自身の課題を計画するための枠組みを参照してください。でも、あなたが最初にやらなければならないことは、その課題を明確に記すことです。課題の例として用いるのは、「子どもが完全に、一人でシャワーを浴びることができるようになる」です。

ステップ2　ブレインストームする

ブレインストーム(2)という言葉の起源には、子育てと密接に関連しているものがあります。一九世紀の終わりに人々は、精神的混乱を言い表す際にこの「ブレインストーム」という用語を使いました。

子育てとの関連がもうお分かりでしょうか？　私は上の子どもが生まれて以来、誰にも邪魔されずに考える時間がもてたことがないと思っています。もちろん、時間の経過とともに、この言葉の意味は問題を表すことからアイディアを共有することに変わりました。

問題や課題を解決するために、子どもに協力を求めましょう。そして、あなた自身の問題についても話しましょう。問題を共有するのです。もちろん、慎重に、ですが。

子どもにも完璧に掃除ができることを、子ども自身が理解できるように伝えましょう。宿題をするのを忘れないように、スマートフォンをなくさないように子ども自身が気をつけているのと同じように、あなたもさまざまな多くの細かいことに注意を払っているということを伝えてください。それぞれを、より簡単に達成するための過程が必要です。

あなたが、いつでもすべてのことをやらなくても済むように、これらのうちのいくつか（とくにシャワーを浴びること）に対して子どもに責任をもってもらうことが子育て計画において必要である、と知らせましょう。さらに、いつの日か、これらすべての細かいことに対して責任がもてるように心の準備をしてほしい、と子どもに伝えましょう。

大切なことは、ただ清潔にすればよいということではなく、自分自身を清潔に保つことを学ぶ「過程のなかに価値がある」ということです。

（２）　現在では、たくさんのアイディアを批判や躊躇することなく出してみること、を意味します。

ステップ3　それぞれの過程をつくりあげる

　これを、あなたが子どもと一緒にすればするほど結果は早く出ます。実際のところ私たちは、人間として生活を送るうえで必要な過程すべてについて十分に考えているわけではありません。だから、簡単にできそうに思えることが実行されないと、親たちはものすごく頭に来るのです。これこそが、私が本書を書きはじめた理由です。

　昔の知り合いに、大学に入学したものの自立した生活を送ることができず、その年に退学してしまったという子どもをもつ母親が三人もいました。母親たちは精神的に参っていました。このことが、とても悲しいことに思えたのです。

　学生生活を送るのに必要な過程の一つ一つのやり方を教えてくれる人がいなかったので、子どもたちは、文字どおりどうすればよいか分からなかったのです。価値があると彼らが考えていたこと、つまりよい成績がとれないとしか当時の彼らは考えていませんでした。もし、その過程にどれだけの価値があるのかについて理解をしていたら、彼らが感じる不安はもっと小さなものだったでしょう。

　親と一緒につくりあげる過程の数が多ければ多いほど子どもは、互いに関係なさそうに見える過程でも、その多くの枠組みは似通っていることが分かるようになります。シャワーを浴びることに伴うすべてのことができるようになった子どもは、やがて犬でも新車でも、何かをきれいにする過程は自分の体をきれいにする過程と同じだと分かるかもしれません。

ステップ4　それぞれの過程をテストして、評価する

これが本当に肝心なことです。ただ話すばかりで行動を伴わないのは、よい子育ての方法ではありません。アイディアがうまくいくかどうかについて子ども自身が確かめられるように、テストと評価の段階に子どもをかかわらせる必要があります。

子どもの一人（または全員）がどのように過程が機能しているのかを思い出すために、ひょっとしたら図が必要かもしれません。次のようなことを試してみてください。四こまマンガの枠を使って、子どもに過程の各段階に関する絵を描かせてみましょう。あなたが代わりに描いてはいけません。ゴールは、過程をつくりあげることがどのように機能するのかについて知ることですから、もしあなたがこれをやってしまうと、子どもが自分でやるところまで飛躍できないかもしれません。

ステップ5　必要に応じて再度つくりあげる

入浴時、シャンプー、リンス、洗顔石けん、浴用石けんと使い分けずに、一つの石けんですませればよいと子どもが思いついて実行しているものの、それがうまくいっていないように見えたらどうすればよいでしょうか？

子どもを呼んで、「ステップ２」に戻ってください。たとえば、「ほら、髪の毛に石けんが残っているよ。それぞれの目的に合った石けんを使って、すんだらシャワーラックに置いておいたらどうかしら？」と言えば、「分かった！」という具合にわずか五秒で解決できるかもしれません。

課題を乗り越える

課題１　親がすべてやるべきだと考える人もいます

自立した子どもに育てることをゴールとした場合、このような考え方は間違っていることになります。子育ても学びなのです。私たちは、子どもが大人になる過程を手助けしているのだということを認識しなければなりません。

ここで唱えるべき魔法のことばは、「価値は過程のなかにある」です。それがしっくり来るまで、繰り返し自分に言い聞かせましょう。過程について子どもたちに学ばせるとき、あなたは間違いなく彼らに価値を与えていることになります。これこそが、「魚を与えずに、魚の釣り方を教えなさい」ということです。

課題2　とても簡単なことに、なぜわざわざ面倒なことをする必要があるのでしょうか？

言うまでもないことだと決めつけずに、すべての段階を具体的に示してください。あなたが用を足す過程を知っているからといって、その過程のすべての段階、たとえばトイレのドアを閉めて鍵をかける、電気をつける、ズボンを（完全には脱がずに）下ろす、トイレに腰かける、ちょうどよい長さのトイレットペーパーを手に取る、何も残らないようにきれいに拭く、立ち上がる、トイレの水を流す、ズボンを上げる、ファスナーが締まっているかを確認する、石けんと水で手を洗う、手を乾かす、といったことをあなたの子どもが知っているとはかぎりません。

過程を具体的に示して、その過程を学ぶ時間を子どもに十分与えると、子どもはそれがより早くできるようになります。

課題3　すべての子どもに「価値は過程のなかにある」と教えたら、みんなにトロフィーをあげるようなものではありませんか？

いいえ、同じではありません。それに、現実世界においては、すべての人がトロフィーを必要とするわけではありません。

やり遂げたことに関して多くの人は、一位でなくても、二位や三位ですらなくても問題ないと感じています。しかし、自分の設定した目標をどのように達成するかについて知ることはみんな必要です。そうする最良の方法が過程に従うことなのです。子どもが過程に従い、目標を達成することができたら、報酬やご褒美を与えることを検討してください。

課題 4 子ども一人ひとりの各過程に寄り添う時間がありません

確かに、子どもに教えるための過程を入念に計画するには時間がかかります。しかし、あなたが台所で何かをしている間に、子どもがシャワーを浴びていたり、洗濯をしていたり、自分の部屋に掃除機をかけていたりすることに気づくとき、この時間の投資はきわめて有益なものになります。

魔法のことばが実際に唱えられている事例

過程について教える方法は数えきれないほどありますから、前節「課題を乗り越える」に挙げられたように、反対意見がこれほど出てくるのはある意味驚きです。生活の細かいことにまで気を配ることは単純なことではなく、圧倒されてしまう可能性があります。

ボニー・スミスさんは、娘のイヴェットをほとんど一人で育てました。彼女が大切にしてきた

郵便はがき

料金受取人払郵便

新宿北局承認

5974

差出有効期間
2022年3月
31日まで

有効期限が
切れましたら
切手をはって
お出し下さい

169-8790

260

東京都新宿区西早稲田
3—16—28

株式会社 新評論
SBC（新評論ブッククラブ）事業部 行

お名前	年齢	SBC会員番号 L　番
ご住所 〒　—		TEL
ご職業		E-maill
●本書をお求めの書店名（またはよく行く書店名） 書店名		
●新刊案内のご希望	□ ある	□ ない

SBC（新評論ブッククラブ）のご案内

会員は送料無料！各種特典あり！詳細は裏面に

SBC（新評論ブッククラブ） 入会申込書	※✓印をお付け下さい。 → SBCに 入会する□

読者アンケートハガキ

●このたびは新評論の出版物をお買い上げ頂き、ありがとうございました。今後の編集の参考にするために、以下の設問にお答えいただければ幸いです。ご協力を宜しくお願い致します。

本のタイトル

●この本をお読みになったご意見・ご感想、小社の出版物に対するご意見をお聞かせ下さい
（小社、PR誌「新評論」およびホームページに掲載させて頂く場合もございます。予めご了承ください）

●**購入申込書**（小社刊行物のご注文にご利用下さい。その際書店名を必ずご記入下さい）

書名　冊

書名　冊

●ご指定の書店名

書店名　都道府県　市区郡町

のは、過程をどのように考えるか、ということを娘に教えることでした。過程の大切さを教えないで、たとえば「お皿を洗ってちょうだい」というような頼み事の過程について、子どもが直感的に理解できないことを不思議に思っている親がいる、と彼女は言っています。スミスさんは、流しの洗い方、残り物の容器への入れ方、カウンターの拭き方、テーブルへの椅子の収め方などが分かるように、自らやってみせました。

「私が子育てにおいていつも大切にしてきたことは、結果ではなく、創造的な過程にありました。結果として残ったものはすべて、そこに至るまでの過程で彼女が学んだものに比べれば重要なものではありませんでした。私は、この種の経験的学習（調査・探究する、情報を踏まえて決定を下す、行動を起こす、振り返る、必要ならば調整する、というサイクル）を強く支持しています。もっとも有益だったことは、私が長期的に得た教訓ですが、娘が自分の決定と選択の責任をとり、自分の方向感覚を信じられるように手段を与えたことでした」

スミスさんは、次のようにも言っています。

「娘と一緒に大学のオープンキャンパスに行くときも、私は彼女に、計画を立てる過程を最初から最後まで指導しました。彼女は計画を立て、距離を調べ、見学ツアーに申し込むために大学へ連絡をする必要がありました。もちろん、私はそこにいて、やり方を伝授し、質問に答え、情報を与えたりしましたが、最終的には、それが彼女自身の大学見学ツアーにつながったのです。私がやっていたらもっと楽にできたでしょうが、彼女がその過程に責任をもったおかげで、彼女自身がオープンキャンパスを楽しみ、より多くの成果を得たと思っています」

よく私たちは、子ども時代の最終結果は大人になることである、と考えますが、実は子ども時代の過程こそが重要な部分、つまり価値なのです。その過程で学んだことが、大人になったときに役立ちます。あなたの子育てのスキルを使って、過程の大切さに光を当てましょう。子どもに考える時間を与え、過程を大切にして、日々の生活にはじっくりと取り組むだけの価値があるというメッセージを子どもに伝えるのです。

魔法のことば7

正直は信頼に含まれる

子どもとの関係を築く

悪事と善行の考えを超えたところに「場」がある。
そこで、あなたに会おう。
（ルーミー）

問題——子どもは嘘をつくことがある

ほかの何よりも、子どもには嘘をつかないでほしいと話す親がほとんどです。また、「子どもが嘘をつくと、子どものことを信用することができません」という声もよく耳にします。しかし、この嘘をつくという行為は、あらゆる行動がそれ相応の結果を招く可能性があることが知れる、私たち人間の本質を表す部分でもあります。したがって、「誰かに真実を知られた場合に起こるかもしれないこと」は避けたくなってしまうのです。

たとえ幼い子どもでも、真実を隠すために嘘をつくほうがリスクの小さいことを知っています。親はもどかしいかもしれませんが、生き延びるという観点から見れば理にかなっていることになります。

病理学的な嘘は、心理学的な臨床診断ではなく、単に何か別の症状であると考えられています。子どもが嘘をつくのは、決して子どもに問題があるからではなく、子どもを取り巻くシステムのどこかがおかしいからです。

子どもが嘘をついてしまう基本的な理由がいくつかあります。

子どもが、嘘をつくよりも解決策を考えるほうがよい選択であると分かれば、解決できる問題が増えるでしょう。

・真実を言わないほうが大切だと感じている。
・真実を言うと、自分がコントロールしていることを放棄するような感じがする。
・親をがっかりさせたくないと思っている。
・嘘が雪だるま式に膨らむ過程にある。
・子どもにとっては嘘ではない。
・その嘘が本当になってほしいと思っている。

研究によると、子どもの九五パーセント以上が六歳になるまでに定期的に嘘をつくようになります。それは、親の設定したルールと親の反応の仕方を試すためです。あなたは、子どもに対して気にかけていることを示すこともできますし、彼らを締め出すこともできます。

魔法のことば　正直は信頼に含まれる

親は、子どもが正直であることからはじまり、親が子どもを信用することで終わるというサイクルを思い浮かべていますが、実際はその逆なのです。子どもは、信用されていると感じると正直になりはじめるのです。つまり、すべては親からはじまるということです。

親子の関係が深まればそれだけ信頼も深まります。あなたには、互いの利害が一致するように信頼関係を築く必要があります。本来、子どもは親を喜ばせたいと思っていますが、状況によっては、生き延びる手段として嘘をつかざるを得ない場合もあるのです。

心理学的には、誰かに正直に話してもらうためには、お互いが似ているということを相手に見てもらうのが一番です。人は、自分が誰かに似ていると感じれば感じるほど、その人に対してより共感することができます。この共感が、相手を信頼するという意欲も高めるのです。

似ているということは、思うほど難しくはありません。私たちは人間ですから、みんな似ているのです。この気持ちをもって子どもと接すると、子どもはあっという間にあなたに共感しはじめることでしょう。「あなたがする必要があるのは……」と言うのはやめて、「私がこれをするときは……」と言うようにしましょう[1]。

研究によると、音楽に対する反応の仕方が別の人と似ていると感じる場合、その人を助けてあげる可能性がより高くなります。研究者たちは、一つの部屋に二人を入れ、それぞれのヘッドホンに音楽を流しました。

それぞれが、拍子に合わせて床を踏み鳴らすことになっていました。一部の人には同じ音楽を流しましたが、違う音楽を流された人もいました。向かい側の人が同じようにリズムをとっているのを見ると、あとでその人が助けを求めてきたときには助けてあげるという可能性がより高くなりました。

非常におもしろい結果だと思いませんか？　しかし、どのようにすればそのことを子どもに用いることができるでしょうか？　「正直は信頼に含まれる」という魔法のことばに従うときには、信頼関係を築くことが常に最初の一歩であることを忘れてはいけません。

あなたが明日にでもできること

小さな子どもと一緒に音楽の拍子をとってみましょう。

音楽をかける

あなたと子どもが好きな曲を見つけましょう。その曲の拍子が、かなり遅いテンポから速い

（1）　これを「あなたメッセージ」から「わたしメッセージ」への転換と言います。とても効果的な方法です。二つの言葉で検索すると、たくさんの情報が得られます。

テンポに変化するものにしてください。音楽の邪魔をしないように、歌詞のないクラシック音楽を使ってみましょう。

子どもに、音楽の拍子に合わせて床を踏み鳴らしてもらう

もし、あまり音楽を聴く習慣がないのなら、子どもに拍子のとり方を見せてあげるとよいでしょう。そうすることで、二人ともすぐに楽しく拍子がとれるようになります。

笑顔で拍子をとる

この時間は、信頼と似ていることを促進するためのものです。ですから、少し大げさなくらいに、あなたの喜びを示してください。

あなたの経験について話す

何が簡単でしたか？

何が難しかったですか？

いつもお互いに同調していましたか？

こうすることで、子どもに手本を示すことがどれだけ大切かについて理解することができるでしょう。

子どもが大きい場合は、親子ともまだ身につけていないスキルを学ぶ講座を一緒に受けてみるとよいでしょう。

一〇代の子どもに何を学びたいかを尋ねる

新しいことを学ぶことが、得意なことや好きなことを知るのにとてもよい方法であることを話します。

近所で行われている習い事、またはオンラインの講座を調べる

これは、子どもと一緒にやってください。たとえば、ヨガやロッククライミング、釣りのルアーづくりの教室を見つけて、一緒に申し込みましょう。

お互いの苦労を共有する

二人で学んでいる新しいことについて話しましょう。何が簡単でしたか？　何が難しかったですか？　いつもお互いに同調していましたか？

完全実施に向けての青写真

ステップ1　一日をかけてお互いの似ているところを見つける

あなたの役割は、あなたと子どもの似ているところを探すことです。初めのうちは、何も言わなくてもそれに気づくことでしょう。おそらく、二人とも右利きです。土曜日の朝食にベーコンを食べるのが好きです。あるいは、屋外にいたいという気持ちに突き動かされています。

「**記録シート7**」(二一二ページ)を参照して、どのような性質を探すことができるかを見てください。これらの性質に気がついたら、大げさになりすぎない言い方で、それについて言及してみます。

「それ、私が注文しようと思っていたのと完全に同じものだよ。どうして、二人ともそれが食べたかったんだろうね」

「私たち二人とも屋外で過ごすことが好きね。こんなに似ていてうれしい」

これらの似ているところが、あなたと子どもの物語の一部になりはじめることでしょう。物語は、子どもの成長と発達において極めて重要な役割を果たします。あなたと子どもが、家族の物語として再び語ることのできる好ましい思い出をつくると、あなたは信頼関係を築くことができます。

「正直は信頼に含まれる」という魔法のことばにおいては、信頼関係が、子どもがあなたに真実を言うことのカギとなります。子どもはすでにあなたの物語を知っていて、愛情と尊敬の念をもって、あなたがどのように反応するのか分かっているのです。

ステップ2　お互いの似ているところを共有することで物事をはじめる

あなたは、子どもとの間にたくさんの共通点があることが分かりましたし、また子どもも同じことに気づきはじめているわけですから、子どもに何かをやってもらう必要があるときには、いつでも、必ず似ているところについて話すようにしてください。

「私たちって二人とも、仕事を終わらせなければと、くよくよ考えてばかりいるでしょう。最近気づいたことがあって、タイマーをセットすると、思っていたよりもずっと多くのことをすますことができるのよ。あなたの宿題も、その方法でやってみたら」

このような言い方のほうが、「宿題をするときにタイマーをセットしなさい」と言うよりも、子どもに対しては押し付けがましい感じがしないものです。

ステップ3　嘘をつくことについて話し合う

多くの親が、さまざまなことについて子どもと話し合わないという間違いを犯しています。子どもは嘘と真実の違いを知っているはずだ、と思い込んでしまうことは簡単ですが、最初のうちは決してそうではありません。ここが、あなたが嘘をつくときにどういう気持ちになり、また嘘をつかれたときにどういう気持ちになったかについて、話して聞かせるのにちょうどよいタイミングとなります。

嘘をつくことが選択肢として受け入れられない理由について、必ず話し合ってください。安全性の欠如から信頼の喪失に至るまで、嘘をつくことは将来、あなたを子どもから引き離すことになる可能性が高くなります。このときは、問題解決について話し合うための素晴らしい機会でもあります。子どもが嘘をつく理由のほとんどは、目の前の問題をどのように解決したらいいのか分からないからです。

子どもに出口を与えてください。子どもが真実と問題を解決するアイディアをもってあなたのところへ来れば、あなたが取り乱さずにいられることを説明しましょう。嘘をつくよりも解決策を考えるほうがよい選択であると子どもが分かれば、解決できる問題が増えます。「正直は信頼に含まれる」のです。それほどシンプルなことなのです。

ステップ4　毎日、信頼を大切にしながら取り組む

信頼は、一度手に入れたらずっとなくならないものではありません。子どもと一緒に何かをするたびに、私たちには信頼関係を築く機会か、それを裏切る機会が訪れます。素晴らしいのは、信頼関係を築ける日が毎日やって来ることです。子どもが、あなたと似ていると思えば思うほどあなたに真実を言う可能性が高まるのですから、お互いの似ているところを見つけて、それらを子どもと共有してください。

あなたと同じように、子どもも嘘をつかれたくないと思っているのです。

課題を乗り越える

課題1　自分も嘘をつくのだから、嘘をついてもいいのだと子どもに言うつもりですか？

お互いの似ているところを共有することで信頼関係を築いていると他人に話すと、このような言葉が反発として出てくる可能性があります。実際のところ、あなたは嘘をついたことがあるし、これからも嘘をつくことになると、子どもに言い聞かせないといけないのです。

ある事柄について、私たちはみんな嘘をつきます。嘘をついたときの自分の気持ちを楽にする

ために、一部の嘘を「悪意のない嘘」と呼んだりもします。嘘をつくことはよいことではありませんが、時には必要なこともありますよね。だからこそ、嘘をつかないことについて子どもに教えることは大変なのです。最善を尽くして、自分も完璧でないことを子どもに伝えましょう。

課題2 あなたは子どもの友達ではありません、親なのです

あなたが、子どもと似ているところを見つけることを通して、信頼を築くことに取り組んでいるということが分かると、ほかの人は、あなたが子どもの「永遠の友達」になっていると思うかもしれません。人間の経験のなかに似ているところを見つけることは、「二人とも綿菓子が大好きだから友達だ」ということと同じではありません。

あなたが示そうとしていることは、一人の人間として人生を経験するあなたのやり方が、子どものそれととてもよく似ているということです。お互いがよく似ていると分かると、私たちは不信感という壁を壊しはじめます。お互いに信頼できる人間だということが確信できれば、子どもはあなたに対して正直に接するようになるでしょう。

課題3 嘘をつくことは罪です

忘れないでください。あなたは、決して「嘘をついてもよい」というわけではありません。「時

には、嘘をつかずにいることが難しいこともある」と言います。この言葉が、これから起こりそうなことを子どもと共有するために必要となる意思疎通への道を切り開くことになります。

もし、子どもが、あなたが一度も嘘をついたことがないと思えば、この許されざる罪を犯したとき、子どもがあなたのところに来る可能性は低くなるでしょう。目標とすることは、子どもにこれから言おうとしている嘘の代わりに解決策を一つ頭に思い浮かべて、あなたのところに来てもらうことです。

魔法のことばが実際に唱えられている事例

誰でも嘘が生まれる場面に遭遇したことがあるでしょうから、ここでは、信頼関係が生まれる話をしたいと思います。

クロイが大学時代にラクロスチームに所属していたとき、彼女自身にとって正しいことと、チームが彼女に求める忠誠心の間で板ばさみになっていました。パーティーに行くと、チームメイトからお酒を飲むことを求められましたが、そもそも「ラクロスチームの一員としてお酒を飲まない」と書かれてある書類に署名をしていたのです。

どうすれば、それを正当化することができるでしょうか？　孤独を感じながらこの決断をする代わりに、クロイには相談できる相手がいることを知っていました。母親のキャシーです。二人は、信頼に基づく関係を築いていました。

彼女は母親に電話をかけて、今の状況を話しました。母親は、クロイが新入部員と一緒にパーティーでお酒を飲もうと考えていることにショックを受けたような態度は見せませんでした。なぜなら、怒ったり、驚いたりしたような態度をとることは、クロイがその問題を解決するために役立たないからです。

彼女らはその状況について話し合って、クロイはコーチと話す決意をしました。このようなことが起きており、キャプテンがお酒を飲むように促していることをコーチは知らなかったため、問題は根深いものとなっていました。クロイは、間に挟(はさ)まれて身動きが取れなくなっているような気分でした。彼女には、以前にも同じような経験がありました。

高校生のときに起こった飲酒事件では、クロイは両親に嘘をつくことにしましたが、彼女は両親から罰を受けました。両親は未成年だった彼女に、お酒を飲むことは大人が判断することだと理解させたかったのです。そんな行動をした人間は悪い人間だ、というような態度はとらずに、両親は相応の報いを彼女に与えました。そして数年後、クロイはあのときの経験を思い出し、両親が怒りではなく、再び助言を与えてくれると信じることができたのです。

ラクロスのコーチと話をしたあとクロイは、予期せぬ大変な状況に直面してしまいました。チームメイトが彼女を仲間はずれにしはじめたのです。このときほど、彼女が母親を必要としたことはありません。母親が再び間に入り、クロイと二人で方針を決めました。クロイが今とても満足している新しい大学と、ラクロスチームに移籍することにしたのです。クロイと母親の間に信頼があったおかげで、話し合いとよい決断、そして安心感が得られました。

あなたと子どもの関係において信頼関係を築くことは、持久力と計画的な考え方を要する、子育ての過程において極めて大切な要素となります。一日で基盤を築くことはできません。また、一度築けば、その後はすべてうまくいくというわけでもありません。

信頼の基盤が強固なものであればあるほど、嘘があなたの生活に忍び込んで来る可能性は低くなるでしょう。親は自分に共感してくれる、だからきっと助けてくれるし、優しくしてくれると信じている子どもは、本当に大事なときに親のところへやって来るものです。「正直は信頼に含まれる」のですから、チャンスがあれば、いつでもそのような親になってください。

魔法のことば８

決めたことは変えない

一度言ったら、それを貫く

言葉を使わない声が存在する。
耳を傾けなさい。
（ルーミー）

問題――同じことを繰り返したり、言っていることを変えたりしてしまう

正直に言うと、私が最初に「魔法のことば」という考え方に出合ったのは、盲導犬の訓練をしていたときです。参加者全員がプロの訓練師ではありませんでした。ボランティアとして、最善を尽くしたいと思っていただけです。

この感覚、子育て中に抱く感覚にかなり似ていると思いませんか？　極めて友好的にお断りしておきますが、私は子どもを育てることが犬を訓練することに似ていると言っているわけではありません。あくまでも、私が導き出せた原則でしかありません。

そのときの訓練師が言っていたことは、視覚障害者にとって、気分に関係なくいつでも命令に従う犬に出会うことが重要だ、ということでした。主人が同じ命令を何度も繰り返すことを学習した犬は、それに従わないとまずい、と感じるまで動きません。どこかで聞いたような話ではありませんか。

私自身は、この原則を次のように経験しました。

幼いころ、兄と私は、母が私たちに頼み事をするとき、一回言っただけでは終わらず、私たちが行動するまで何度も言うことに気づいていました。あとちょっとで母親が激怒するというときに、私たちは頼まれたことをやるようにしたものです。これは多くの頼み事に当てはまるということを、私はそのあとに知りました。どうしてもやらなければいけないとか、やりたいというのでなければ、誰も何かをやろうとはしないものです。

必要ないと思いますが、例を挙げましょう。

五分前、あなたは娘のグレースに、自分のお皿を台所に持ってくるように頼みました。再び頼んでみますが、今度はいらついたような言い方をしています。

「分かった。ちょっと待って」

そして五分後、あなたはこう言います。

「いったい、『あなたのお皿を台所に持ってきて』の何が理解できないの？　あなたのそういうところが嫌なのよ。どうしてお皿を手に取って、ここまで持ってくることができないのかしら」

あなたは、自分の言い方や感情を嫌だと思うでしょうが、もう手遅れです。二分後、そのお皿はまだそのままで、あなたは我慢の限界となります。あなたがそのお皿を手に取り、台所に持ってきて、そのあとグレースのところへ戻ります。あなたは彼女のスマートフォンを取り上げて、こう言うことでしょう。

「これは明日返すわ！」

グレースは驚いた表情で、「嘘でしょ、何が問題だっていうの。私がお皿を持っていこうとしていたのに、お母さんが私の代わりにやったんじゃないの」と言います。

あなたは疲れ果ててその場を離れますが、文字どおり何も変わっていません。あなたがお皿を持ってきて、グレースは今の状況をよく理解していないように思え、さらに、あなたが叫び声を上げずに自分で同じことをやった場合よりもずっと疲れているはずです。

人間は、とにかく話すことが大好きです。生まれつきなのでしょう。内向的な人でさえ、動物よりもよく話します。私たちは、十分な時間を割いて相手の言うことを聞きませんし、私たちが真剣にお願いをして、相手がやってくれるまで待つつもりであっても、そのことを相手に分かってもらうだけの時間を与えていません。私たちが子どもに何をやってほしいのかを明確にして、同じことを何度も期待すれば、それだけ子どもがその期待を理解して、それを行うようになる可能性が高くなります。

なぜ、子どもは私たちが頼んだ直後にやらないのでしょうか。十分に説得力のある理由がいくつかあります。

・子どもが親の優先事項を共有していない。
・親が激怒するまで頼まれたことをやらなくても問題はないと、経験則に基づいて考えている。
・子どもが新しいことに取り組むには、親の助けが必要である。
・意思決定を行う脳の部分である前頭葉(ぜんとうよう)が、まだ発展途上にある。

・子どもの都合が後回しにされているような気がしている。
・子どもが大人とのつながりを感じていない。

魔法のことば　決めたことは変えない

今、あなたは、現時点における子どもの能力について多くの情報をもっており、どんなスキルを子どもに身につけてほしいかを決めたわけですから、これをどのように日常的に行っていくかについて考えましょう。このあたりから、子育ては少々大雑把になっていきます。

新しいスキルを教えなければなりませんが、その一方で、以前に教えたスキルの定着を図る必要もあります。常に先を見越すことと練習が必要となりますが、恐れるほどのことではありません。子育ての素晴らしいところの一つは、子どものころと同じように、みんながやりながら学んでいくところにあります。

あることをあなたが一度だけ言うと、子どもが立ち上がって、それをすぐにやるという日もあることでしょう。こんなことが一度でも起こったら（本当に一度でも、という意味です）、少し時間をとってゆったりと寛いで、その経験を楽しんでください。気分がいいと感じれば感じるほど、あなたはこのような経験を何度も繰り返そうとする可能性が高くなります。

多くの点において子育てというのは、それを将来利用できるように蓄えておく経験（よいものも悪いものも）の連続でしかありません。「決めたことは変えない」というのは、やってみると簡単なことではありません。それを実現するには、ほかにも多くのことが必要です。初めのうちはそれが不可能であると感じられるからこそ、できるだけ頻繁にそれをやったほうがいいのです。

あなたは、子どもがすでによく理解していることを選ぶ必要があるでしょう。さらに、多くの子どもが物事を文字どおりに受け取るものであるということを覚えておくことも大切です。そして、「遊び部屋を片づけなさい」と言う代わりに、「床の上のレゴを全部拾って、レゴの箱に入れなさい」という言い方を学ぶ必要があるでしょう。

また、子どもにあることをさせたいときには、気が散るものや感情を、彼らの周りから取り除く方法を学ぶ必要があります。

バスケットボールをしたことがありますか？　私はしたことがありま

物事を漠然と捉えないでください。子どもにしてもらう必要のあることをできるだけ簡潔に言い、本質から逸れた情報は付け加えてはいけません。

せんが、見たことならあります。一人の選手がボールを持つと、突然、対戦チームのすべての選手がその選手の周りを取り囲み、ボールをパスしようとするのを阻止する場面ぐらいは知っています。この状況こそが、子どもが何かほかのことをやっている最中に私たちが別のことをやりなさいと言ったときに彼らが感じることなのです。

ちなみに、子どもはほとんどいつでもほかのことをやっているものです。何を言おうとしているかお分かりですか?

子どもの注意を引くことは大変ですから、それを一度言ったら、あなたは二度と口にしてはいけません。もし「決めたことは変えない」という魔法のことばに従いたいと思うならば、子どもの全神経が集中するように仕向ける必要があるということです。

あなたが明日にでもできること

「一度言って、それを子どもに分からせる」ためには、小さなことからはじめましょう。自分にとって重要なことを扱っていないときのほうが、平静な状態を保つことができます。たとえば、子どもにシャワーを浴びてほしいとします。

その瞬間の子どもの様子を観察する

子どもが今何をしていて、その瞬間、子どもがどの程度夢中になっているのかを理解する必要があります。このときこそ、選手がボールをバスケットに入れるために何が必要なのかを、あなたが考えはじめるときです。

行っていることの移行を助けることによって気が散るものを取り除く

子どもに近づき、何をしているのかと尋ねます。

「何のゲームをしているの？　どんな感じなのかな？　このゲームを終わりにしてもよいとか、少しの間離れてもいいと感じるためには何をする必要があるかな？」

子どもの言うことを聞き、待つ

ここであなたには、自らの自制心を働かせる必要が出てきます。なぜなら、今すぐに子どもにやってほしいことを言ってしまうと、ほぼ間違いなく、それをもう一度言わなければならなくなるからです。

子どもには、あなたの言うことに耳を傾けるだけの準備ができているわけではありません。今いる「ゾーン」(1)から子どもが出てくるようにして、あなたの要求に対して、もう少し聞く耳をもつようにするのです。常にうまくいくわけではありませんが、この段階を試しにやってみて、あなたがいつも行うことの一つにする必要があります。これが、最近、多くの子どもが苦手としていることです。

電子機器やそのほかの気晴らしは、脳の注意を完全に引きつけておくのが非常に上手です。必要なときにそれらから離れられる方法を子どもが学べば学ぶほど、よい結果が生まれます。

一度だけ言う

子どもと目が合って、今がそのときだと感じたら、「はい、シャワーに入る時間よ」と言います。それから、子どもが正しい方向に移動しはじめるまで、そこに立ったまま子どもを見つめます。子どもがスムーズに動けたら、子どもをものすごく褒めます。「言われたことをこんなに早くできたなんて、本当に素晴らしいわ。おかげで今晩、（その子どもが好きなことをする）あなたの時間が増えたわね」と言うこともできるでしょう。気が散るものから離れて、する必要のある活動に移れることが、子どもにとってもよい結果をもたらすことを示してあげましょう。

（1）　あまりにも熱中していて、ほかのことがまったく気にならない状態のことを指します。

完全実施に向けての青写真

ステップ1　魔法のことばを利用する

このことばは、子育てにおける教訓であるだけでなく、自制心を身につけるために役立つ教訓でもあります。また、魔法のことばがとくに役立ちます。これに似ている魔法のことばが「ＫＩＳＴ」で、その場合は、魔法のことば自体があなたに立ち止まって考えることを思い出させてくれます。ですから、今立ち止まって、三回唱えてください。

「決めたことは変えない」
「決めたことは変えない」
「決めたことは変えない」

ステップ2　気が散るものを取り除き、移行する計画を立てるのを助ける

この段階を行うには多くの方法がありますが、まず必要なのは、あなたが子どもにやってほしいことを言う前に、子どもが何をやめなければならないのかについて、あなたが立ち止まって考えることです。「**記録シート8**」（二一一ページ）を参照して、どのような言葉であなたの要求を

伝えるべきかを考えましょう。

あなたの優先事項が、子どもの優先事項であるとはかぎりません。子どもが移行しやすくなるように助ける方法はいくつかありますが、まずその過程を分解して、確実にそれが分かるようにする必要があります。

別の活動をはじめる前に、前の活動をやめて片づける必要があるでしょうか？　その場合は、そうするように言います。一度に複数の手順を与えると、何度も繰り返して言うことになります。手順を計画することで、あなたはそれを一度だけ言って、それに専念することができます。

できるときに、徐々に移行しはじめましょう。子どもがある活動に熱中していると、やっていることをやめて、あなたがやってほしいと思っていることに集中することがより難しくなるでしょうから。

ステップ３　あなたが怒っている理由ではなく、あなたがしてほしいことに集中する

子どもにやってほしいことに彼らが取り掛かるまでに時間がかかると、私たちはイライラしてくるものです。そこにさまざまな要因が重なると、私たちは「脅し」を口にして、彼らにやるべきことをさせようとしてしまいます。

「テレビの見すぎよ。話にならないわ。もう二度とテレビは見せないわよ」

こういう類いの脅し文句は、やるべきことの過程を大いに遅らせ、子どもの脳の働きを停止させてしまいます。この時点で、あなたは確実に言ったことを繰り返す羽目になるでしょう。なぜなら、新しい課題に向けていたはずの焦点が、楽しみを永遠に奪われることに対するパニックに向けられてしまったからです。

あなたにとっては、一時的に平静さを失って口にしてしまった脅し文句かもしれませんが、子どもは、あなたの本心であるかのように感じてしまうのです。

ステップ4　あなたの要求をはっきりと言葉にすることを学ぶ

物事を漠然と捉えないでください。子どもにしてもらう必要のあることをできるだけ簡潔に言い、本質から逸れた情報は付け加えてはいけません。

「レゴを全部、黄色い籠に入れなさい」と言うほうが、「友達と遊んだあとは片づけなさい！いつも散らかしっぱなしにしないでちょうだい。公園に行ったあと、片づいた部屋に帰って来たいでしょ」と言うよりも、子どもは覚えている可能性がずっと高いものです。後者の言い方だと、集中力のドアが大きく開いてしまっており、気が散るものがたくさん入ってきてしまうのです。

ステップ5　言ったことを子どもに繰り返させる

これによって二つのことができます。まず、子どもが今やっていることをやめ、やらなければならないことに集中しやすくなります。さらに、次のような会話をする必要がなくなります。

「え、ベッドを整えなさいって言ったの。そんなこと聞いてないよ」

もし、話し合いのなかで繰り返し言うことがあるのなら、あなたが繰り返すのではなく、子どもに繰り返させてください。あなたは、子どもの気が散るものを取り除き、一度それを言ったら、聞こえたことを確認するために、子どもにそれを繰り返して言わせましょう。

ステップ6　待つ

子どもが次の活動に移るための時間を与えましょう。あなたの時間の感覚は、子どものそれとは異なっています。もし、あなたが、親が怒り出さないように物事を直ちにやりはじめなければならないという環境で育っていたら、待てるようになるまでに多少の練習が必要でしょう。

時間的な制約があるとしたら、子どもに頼み事をするときにその分も計算に入れておきます。ただし、最後の最後まで待って、子どもに何かをするように頼む習慣はつけないでください。時間は、より長くかかると想定しましょう。子どもは学びながら練習しているところです。まだ、できてはいないのです。優しくプレッシャーをかけるつもりで、その場に立っていてもよいでしょう。

教師はいつでもそのようにしています。ある生徒がやるべきことをやっていないとき、その生徒が何をやるべきかについて分かっていると教師が確信すると、よい教師であればあるほど、その生徒との距離を縮めて近づいていきます。この距離感が、生徒がすべきことをするために必要となる穏やかなプレッシャーを、その場に提供することになります。

ステップ7 「ありがとう」と言う

感謝の気持ちを示しましょう。たとえ子どもが、やるべきことをやっているとしても、です。以前読んだ、『人生がときめく片づけの魔法』(サンマーク出版、二〇一〇年)(2)の著者である近藤麻理恵は、人生をより良いものにするために、自分のシャツ(などあらゆるもの)に感謝するべきだと書いています。

シャツに感謝できるのだとすれば、子どもにだって感謝することができます。「ありがとう」というひと言は、今日一日を少しでも楽にしてくれたこの世界に対する感謝の気持ちである、と私は考えたいです。子どもが、指示に従うために立ち止まり、目を向け、耳を傾けはじめたら、子育ての世界がもっとよいものに感じられるでしょう。そして、それには「ありがとう」と言う価値があります。

 課題を乗り越える

ここでの課題は、あなた自身、あるいはあなたを見ている他人から出てきます。他人から評価されるプレッシャーというのは途方もないものです。すでに親になった人や、親がいたという人ならば誰でも、自分が専門家であるかのように錯覚してしまうものです。あなたは、ほかの人たちよりも力強い子育ての技術を学んでいます。彼らには、彼らのやり方でやってもらってかまいません。でも、あなたは、自分のやり方で行えばいいのです。

課題 1　それを私がもう一度言わないと、子どもはどうすればよいのか分かりません

確かに、そうですね。気が散るものを取り除くという最初のステップに従っていないと、あなたの決定事項を繰り返して言う必要が出てくるでしょう。立ち止まって少し考えてから、行うことを子どもに頼むようにしましょう。

（2）　改訂版が二〇一九年に出版されています。初版は四〇か国以上で翻訳され、累計一一〇〇万部超える世界的大ベストセラーとなりました。また、近藤麻理恵氏は、二〇一五年、アメリカ『TIME』誌において「世界でもっとも影響力のある一〇〇人」に選出されています。

そうしたとしても、子どもが頼まれたことをするのにかかる時間が短くならないかもしれません。でも、やってほしいことを何度も繰り返し言って、あなた自身の頭がおかしくなるということはなくなります。繰り返し言ってしまうと、やる気になったときか、親が激怒したときに初めて反応するということを子どもに教えることになりますし、親が降参するまではぐらかすといったことまで子どもに教えることになります。

課題2 毎回、立ち止まって考えることなどできません

いいえ、立ち止まって考えることはできます。確かに、新しい子育てのやり方とはなりますが、毎回、次のやるべきことに移行するよう子どもに伝える前に予定を立てることは十分可能です。教室において教師が二四人の子どもたちに対してできることならば、あなたにもできます！

課題3 子どもは、「やりなさい」と言われたことをするくらい自分の親を尊敬するべきです

私の予想では、年配の人たちがこれを一番よく言うでしょう。古い世代の人たちは、親が何かを言えば、子どもがすぐに従うことに慣れています。また、彼らは、何もしないことに対して罰を与えることにも慣れています。

罰を与えることに頼ってしまうと、人間関係は悪化します。良好な人間関係が正直さのカギで

す。私たちは全体像を見ているのです。そしてあなたが、子どもにあることをさせるために別のことを犠牲にしてしまうといった、墓穴を掘らないことを願っています。

魔法のことばが実際に唱えられている例

ほとんどの場合、「決めたことは変えない」に関する問題は予定表で解決できます。毎日、何が起こるかについて子どもが予測できると、日課を実行できる傾向があるからです。とはいえ、親たちは、「子どもに今やっている活動をやめさせて、別の活動をさせるのはかなりやっかいなことだ」と私によく言います。温厚な教師でも、一度言ってそれを子どもに分からせるためにはまったく新しい考え方が必要だ、と言っています。

ここでは障がい児をもつ母親の例を挙げて、その方法を説明していきます。

アイリーン・ハウワーさんは、教師であり、三人の子どもの母親です。長男のリアムに自閉症スペクトラム障がいがあります。リアムが人生で成功し、彼が望むものと母親が彼に望んでいるものが得られるためには、彼が確実に母親の指示に従うようにする必要があります。ハウワーさんの話は次のようなものです。

リアムに対して、私は常に彼の注意を引く必要がありました。テレビがついているとき、彼の背中に向かって話しかけても、私の言うことが彼に「聞こえる」ことは期待できませんでした。それどころか、私がテレビを消し、彼に「私の顔を見なさい」と言い、指示を出すか質問をして、ようやく彼の返事をもらうといった状態でした。また、彼の注意を私に向けてもらうために、時には歌いながら彼の名前を呼ぶ必要がありました。しかし、一度集中すれば、彼は耳を傾け、指示に従うだけの準備ができていました。

私がカウントダウンをはじめて、「1」と言うまで彼が返事をしないというような子どもにならないように、カウントダウンは彼の注意を引く最終手段であることを彼自身が分かっているようにする必要がありました。また、好む作業からそうでない作業に移行する前には予告が必要だということを、リアムの先生たちとも共有することができました。これによって、彼はより柔軟になり、感情崩壊を起こさずに活動を変えることができるようになったのです。

家でリアムは、よくテレビゲームをしていました。私たちは彼に、ゲームを一時停止してから私たちの顔を見てもらい、ゲームの電源を切るまで残り五分だということを知らせました。ゲームによっては、あるレベルを終了させる前に止めるとそれまでやってきたことがすべて失われるものがあるので、それを知っておくことが重要でした。

新しい活動に移行する必要がある一分前、リアムにゲームを一時停止してもらってから私の顔を見てもらい、こう言いました。

「一分。リアム、一分後に私は何をはじめないといけないかしら」

このとき、何が起ころうとしているのかが彼にも分かります。こうすることによって、移行をするのは自分だという意識が生まれます。

時間になると、私たちは「時間ですよ」と言って知らせています。それから、次にやることが、先ほどまで彼がやっていたことよりも好ましくないものである場合は、とくにその活動についてワクワクするような雰囲気を醸し出すようにしました。

「……する準備はいいかな」とか「さあ……に取り掛かりましょう」とか、さらには「……するのが待ちきれない」などと言って、素晴らしいことをやめて嫌なことをやろうとしているのだと彼が感じないようにしました。

このような習慣が、時間の管理を彼が学ぶのに役立ちました。しばらくすると、私たちが五分前を知らせると（この予告は、常に与えないといけません）、彼はその三、四分後にあるレベルをクリアしてからゲームをやめるようになりました。次のレベルに進めないことが分かっている場合には、その数分の残り時間すら必要でないこともありました。

素晴らしいと思いませんか。リアムに対してハウワーさんができるならば、私も「決めたことは変えない」ために、できるときにはいつでも、今よりももっと上手に気の散るものを取り除くことができることになります。もちろん、あなたにもできます。完成はまだ先ですが、取り組むだけの価値は十分にあります。

私は盲導犬の訓練をしていたときに、「決めたことは変えない」という魔法のことばについて学び、それが今でも、自分の子どもに対するもっとも価値のある「子育てスキル」の一つとなっています。

あることを一度言って、それを子どもに分からせるためには、練習と一貫性が必要です。一度言ったらそれを貫くのが当然であると思うことが、子ども自身の人生から多くの先延ばしを取り除き、物事を達成することに役立ちます。また、こうすることによって、私自身の家族の人間関係が一層よくなり、家事全般におけるストレスも減りました。

魔法のことば9

今の世界は大きく変わった

大切なことを集めたうえで選定し、周りの雑音は遮断する

異なることを試してみなさい。
身を任せるのです。
（ルーミー）

問題――あなたの親が成功したことは、あなたにもうまくいくと考えている

どの世代にも、「私たちの時代には、こんなことは決して起こらなかった」と言う人がいます。「時には、そのとおりの場合もあります」などと、もう少しであなたに言いそうになりましたが、やはりやめておきます。実際、今の世界は二五年前の世界とも、それ以前の世界とも完全に異なっていますし、私たちが子育てするときに対応していることが当時と同じであるとは決して考えられないからです。

子どものころに感じた素晴らしい気分の一部や経験を再現することはもちろん可能ですが、今となっては、それらは真空状態のような環境でしかつくり出せないでしょう。それらを現実のものにするには、外界を遮断しなければなりません。

私たちは今、テレビ、タブレット、パソコン、スマートフォンを通して、絶え間なく流れる情報を常に利用することができます。五、六歳の幼い子どもでさえ、それらの機器をよく使っています。でも、ご心配なく。「それが子どもに悪い」と言うつもりはありませんから。

とはいえ、確かに悪いのかもしれません。しかし、クール・ホイップ（乳製品を使わずに生クリームに似せた食材）も昔は体に悪いと言われていました。私たちが生活するうえでコントロールする必要のあることがいくつかありますが、電子機器はかなり大きな課題となっています。実際、自分の人生に加えるものを選りすぐり、それ以外を遮断する能力は、立派な大人になるために私たちが身につけなければならないスキルです。それは、多くの大人が日々身につけるのに苦労しているスキルでもあります。

子どもが自分でキュレートできるようになるためには大人の助けが必要なのですが、それを忘れがちとなっています。「キュレートする」とは、コレクションの品々を選び、配置し、管理するという意味の動詞です。私たちにかかわるものをインターネット上や日常生活のなかで選りすぐるとき、私たちはそれらに優先順位をつけたり、それらを分野別に分けたりしています。

行っていることは、脳の働きとほぼ同じです。このスキルを築く際、私たちは子どもに対して、脳の機能を真似するように教えています。つまり、できるだけ気が散らないように、情報の断片を取り入れると同時に、それを素早く仕分けして、覚えておく必要のないものは捨て去るのです。

電子機器が家族の役に立つようにして、あなたを圧倒するのではなく、人生を豊かにしたり、あなたに挑戦を与えたりするものにしましょう。

もし、これがそれほど重要なことではないと思っているのなら、大学に行ったときにこの方法が分からなかった一八歳になる男子学生二人の話を聞いてください。

二人とも、新入生としてワクワクした気持ちで大学に到着しました。彼らは準備万端整っていました。高校では、よい成績を取るために一生懸命勉強に励み、野球とサッカーをしていました。同じ大学に進んだ高校の友達もすでに何人かいました。

彼らの両親は、大学進学の計画を十分に行ったうえで、息子たちと学費を共同で負担することにしていました。しかし、二人の若者は一学期に落第してしまいました。圧倒されてしまい、「どうやって課題を終わらせればよいか分からない」と二人は言いました。二人とも、宿題や自分の用事に取りかかるとき、ひっきりなしに押し寄せてくるソーシャルメディアの情報をどのように遮断すればよいのか分からないと感じていたのです。

一人は大学で提供されている治療を受けましたが、一学期が落第であることに変わりはありません。もう一人は大学を退学しました。彼らの母親たちはともに私の友人ですが、お互いのことは知りません。

このような話はよくあることです。大学に通う子どものいる友人に尋ねてみてください。デジタル世界に流れている雑音を遮断するのは、本当に大変なことなのです。

情報を取捨選択できるように学ぶことを手助けすることは、子どもが立派な大人になるために非常に重要となります。この過程における最初の段階は、「今の世界は（これまでとは）大きく変わった」という魔法のことばを受け入れることです。

魔法のことば　今の世界は大きく変わった

このことばは、子どもに教える前に、あなた自身が学ぶ必要のある教訓かもしれません。私は、夫からベッドにスマートフォンを持ち込まないようにと言われているにもかかわらず、そうしてしまっていることに罪悪感をもっています。私でさえ入ってくる情報を遮断できないというのに、子どもがそれをできるようになると思いますか？

情報は、私たちの興味をそそり、好奇心を刺激しますが、私たちの脳にはそれを処理する時間も必要なのです。あなたは、物事を素早く流してしまうザルではなく、むしろ目の細かい濾し布（チーズクロス）なのです。このたとえで私が伝えたいことは、必要のない情報の大きな塊を除去するだけの能力はあなたにありますが、小さな、重要でない物事があなたの脳を詰まらせることを防ぐためには、それらを押し出す必要があるかもしれないということです。

「今の世界は大きく変わった」という魔法のことばで、あなたは子どもに対して、ある電子機器で情報収集することについて目標設定する必要を教えることになります。何も考えずに電子機器を気晴らしのために使用した時間と、授業などのために役立つ情報を収集するのに使用した時間を、子どもが把握できている必要があります。このようにして自分の電子機器に関する管理を、宣伝広告などといった市場に委ねてしまうのではなく、自分ではじめるのです。

企業の利益のために私たちを利用していることが分かりはじめると、私たちは管理者権限を取り戻すことがいかに大切であるかということに気づきます。体によい食べ物を選んだり、予定より一〇〇ドルも多く使うことなく量販店から出てくる方法を計画したりするのと同じく、自分の電子機器をどのように利用したいのかについて選択する必要があるのです。

ある日、私のスマートフォンに、一時間に二、三件の通知があることに気づきました。私は、フェイスブック上で友人から「いいね」をもらったり、コメントがついたりしたのかについて知ることを望んでいませんでした。ですから私は、スマートフォンに入っているすべてのソーシャルメディアアプリの通知を切りました。それぞれのアプリをチェックするためにスマートフォンを手に取ることをしなくなるまでに二週間ほどかかりました。

あなたが発信する情報に、ほかの人が「いいね」を押してくれたり、コメントをくれたりするものですから、ソーシャルメディアのアプリは依存性が非常に高いと言えます。私たちの子どもはそれがない生活をしたことがありませんから、彼らにとっては、さらに依存性が高いということになります。とくに、彼らの気持ちが不安定で不確かなときは、ソーシャルメディアのアプリによってそのような気持ちが楽になるのです。また、ソーシャルメディアのせいで落ち込むこともあります。

電子機器をあなたの家庭に入れる場合には、あなたの生活をより良いものにするという確認書が添えられているべきです。そして、その考え方が正しく機能することを確実にする唯一の方法は、一人ひとりが自分の電子機器とその使い方の管理をすることです。

あなたが明日にでもできること

夕食のときにテーブルで、あなたの家庭生活における電子機器の役割や、入ってくる情報について会話をはじめましょう。そして、電子機器の使用についてどのように考えているのか、子どもに尋ねてみましょう。彼らの言うことが気に入らないこともあるでしょうが、気を強くもってください。子どもの電子機器使用について、あなたがどのように思っているのかを彼らに伝えましょう。そして、「電子機器なし」の時間を一日に二時間は確保するという取り決めを設けましょう。

起きている時間に、電子機器を使わない二時間の時間枠を設定する

食事の時間を、電子機器なしにすることもできるでしょう。宿題の時間を、ソーシャルメディアなしの時間にすることを提案します。二時間の枠は、三〇分ずつに分割してもよいです。あなた方にとってうまくいく方法を探してください。ただし、毎日、あなたの生活と子どもの生活のなかにおいて、電子機器が二時間使われていないことが目に見えて分かるようにしてください。

初めのうちは、それをすることがどれだけ大変かということにあなたは驚くと思います。こうすることの目的は、ソーシャルメディアの雑音を遮断し、すべきことを終わらせたり、得た情報を処理したりするための時間を見つける方法を子どもに示すことにあります。私の家では、午後五時から七時までの時間を使っています。そうすることで、私たちは一緒に夕食を準備し、夕食を食べ、電子機器に邪魔されることなく家族としての時間が過ごせるからです。

電子機器を所定の場所に置く

「電子機器は玄関ホールのテーブル上か、台所の籠の中に入れなければならない」といった基本原則に合意しましょう。それはどこでもかまわないのですが、電子機器を置く場所が決まっていると、電子機器なしの時間がはっきりと分かります。

今日どんな情報を知ったり、見たりしたかについて話し合う

もし、日中に目にした情報をまったく使うことがないとしたら、情報を集める意味があるでしょうか？　この話し合いによって子どもは、いつ電子機器を生産的に利用していて、いつ時間を無駄にしているのかが分かるようになります。

電子機器を使えば時間は必ず無駄になりますが、意識的に問題となることを話し合うことで、その無駄が減りはじめたり、有益な目的のために電子機器を使ったりする時間が増えるかもしれません。

「今の世界は大きく変わった」わけですから、夕食時の会話のときにも、デジタル生活に関する話題に触れる必要があるでしょう。

完全実施に向けての青写真

ステップ1　電子機器の使用について家族会議を開く

　私たちが電子機器の使用について計画的でなければ、その使用に関して、その場その場の判断が必要になってしまいますから、これはとても大切な段階と言えます。子どもに電子機器を与えておきながら、罰としてそれを取り上げるようなことはしないという姿勢が大切です。

　電子機器こそ、唯一子どもに与えたり、取り上げたりできる通貨のようなものだと考えているあなたは、きっと目を丸くしていることでしょう。電子機器をこのように用いてしまうと、電子機器の反道徳性がより増し、そこから逃れることができなくなってしまうという問題が起きてしまいます。要するに、電子機器がジャンクフード（つまり、体に悪いという理由で制限されればされるほど食べたくなってしまう食べ物）のようになってしまうのです。

　この家族会議では、電子機器が娯楽だけではなく、情報の収集と選定にも素晴らしい機能をもっていることについても話し合いましょう。**「記録シート9」**（二一〇ページ参照）を用いて、あなたの電子機器を生産的に使える方法を確認しましょう。それから、一人ひとりが、電子機器を使って情報を収集したり、やるべきことをしたりする方法を一つか二つ共有しましょう。

子どもが電子機器で行うことに対してですが、「親がすることほど重要ではない」と子どもに言いたくなる気持ちを抑えるようにしてください。信じてください、このような気持ちに必ずなることを、私は経験から知っています。

この会議は、家族一人ひとりにとって、電子機器がどのような意味をもつかということについて話し合うための公開討論の場です。このような会話をすると子どもは、いつ電子機器が彼らの生活時間を奪っているかについて、遠慮することなくあなたに話すようになるでしょう。

ステップ2　毎日、電子機器なしの時間帯を設定する

ほとんどの家庭にとって、電子機器のない時間は夕食前、夕食中、夕食後となるでしょう。二時間という長さは、電子機器なしでも生活は続けられることを思い出すのに十分と言える時間ですが、もし、もっと長くしたければそのようにしてください。

電子機器なしの時間を設ける目的は、あなたと子どもが情報を共有して、周囲の人に目を向けることのできるような習慣をつくることです。年少の子どもがいる場合は、この時間はさらに長くてもいいでしょう。家にあまりいない年長の子どもの場合は、この二時間という長さに適応しないかもしれません。しかし、いったんあなた方家族の生活に電子機器なしの時間を取り入れようと意識的に努力すれば、その違いに気づきはじめることでしょう。

電子機器なしの時間は、子どもがほかの優先事項を重視したり、電子機器の使用についてじっくり考えたりすることを、あなたが手助けすることにもなります。子どもは、何も考えずにインターネット動画を見るのではなく、自分が見たものについて家族や友達と会話をする必要があるのです。

ステップ3　面白いインターネットサイトを積極的に探し、それを子どもと共有する

子どもがよい情報を見つける方法を知っていると思い込まないでください。私が教師だったときには、生徒が研究プロジェクトに取り組む際、調べるのにちょうどよいインターネットサイトを何時間もかけて選定していました。なぜなら、インターネットは巨大すぎて、サイトによっては役に立たない可能性や、年少の子どもにとって内容が大人びている可能性があるからです。

インターネットのサイトや情報を審査するために設計されたアプリを信頼している、と私に話す教師もいましたが、身近な大人の目でサイトを見ることにも価値がある、と私は感じていました。息子とは、それまで知らなかった新しい情報が載っている、デザインと内容が優れているサイトをどちらが見つけられるかと競っています。また、自分の子どもたちに今学んでいることを聞き、それらのテーマを補完するようなサイトを見つけようと努力もしています。

子どもと共有するものが増えれば増えるほど、あなたは子どもについてもっと知ることができ

るようになります。子どもは、たった一つのテーマに夢中になっているのでしょうか？　今のサイトを数秒見たら、すぐに別のサイトに移動しているのでしょうか？　どのようなタイプのインターネット情報を、あなたの子どもは面白いと感じているのでしょうか？

ステップ4　スマートフォンアプリの通知を切る

電子機器は、近くにないときでも私たちに呼びかけてきます。スマートフォンアプリの通知を切ると、あなたがそれを取りに走ったり、それについて考えたりする時間が減ります。どうしても必要なアラームやカレンダーのリマインダー以外を全部切ってしまうことは簡単です。こうすれば、電子機器に管理されるのではなく、電子機器をあなたが管理する方法を学べるようになります。

また、年長の子どもがいると、問題を抱えはじめるときにもなります。あなたが子どものことを一番よく知っているわけですから、スマートフォンがひっきりなしに鳴り、通知のアイコンがずらりと画面に並んで、子どもが呼びつけられている様子を見たら、子どものスマートフォンとのかかわり方を変えるときかもしれません。

ステップ5　少なくとも一日に一度は、電子機器を学習の道具として使う

電子機器を受動的に使う代わりに、少なくとも一日に一度、それを学習の道具として使うこと

を考えてみてください。新しい言語を学習している子どもであれば、スマートフォンの言語設定を学習中の言語に変えてみましょう。こうすることで、その言語を話す同じ年代の子どもたちに同じスマートフォン画面がどのように見えているかが分かりますし、言語が実際に使われている状態で学習することができます。

「カーン・アカデミー」(1)のようなアプリを、子どもがスマートフォンに追加するのを手助けしてあげましょう。このアプリは、以前は数学に関するビデオ講座だけをインターネット配信していましたが、今ではピクサーによる物語の技術についての講座など、さまざまな優れた講座を見つけることができます。

アウトドア派の子どもであれば、植物や鳥の名前が分かるアプリを追加させましょう。あなたが以前、「分からないな、一緒に調べよう」と言っていた数々の質問の答えを見つけることができます。もし、文章を書くことが好きな子どもならば、ノートをとるためのアプリや、時間制限つきで文章の練習ができるアプリもあります。また、アートが好きな子どもであれば、描画アプリや、子どもがつくりたいものを段階的に教えてくれるビデオもあります。

私は「子どものためのアートセンター」というアプリを、絵が描けないと思っている子どもや、絵を描く練習がしたい子どものために使っていて、とてもうまくいっています。アプリに管理されるのではなく、私たちに物事を教えたり、強い興味を正しい方向へ向けさせてくれたりするアプリが日々開発されています。「今の世界は大きく変わった」わけですが、決して悪いことばかりではありません。悪いどころか、かなり素晴らしいことなのです。

課題を乗り越える

デジタルメディアの消費と使用制限というものは、これまで存在しなかったことですから、周りの人たちはあなたに操作の仕方を教えたくなるでしょう。電子機器を使う時間が生活を乱していることについて、自分がその専門家であると誰もが思い込んでいますから、彼らの抵抗に対して準備をしておく必要があります。

課題1　電子機器は最悪です。あなたが、それを子どもにこんなに使わせていることが信じられません

電子機器は、もはや任意のものではありません。自分は持っていないとか、使わないとあなた

---

(1)　二〇〇六年、サルマン・カーンによって設立された教育系非営利団体で、YouTubeで短時間の講座を配信したり、運営サイトで練習問題や教育者向けのツールを提供しています。誰でも無料で利用することができます。

に言う人がいるでしょうが、そんな人はごく稀(まれ)です。電子機器は便利で、賢くて、大変面白いものなのです。大切なことは、それを私たちがどのように管理するかです。

あなたが否定論者に言えることは、電子機器が子どもを管理しないように、あなたは子どもにその管理の仕方を教えている、ということです。

課題2　私たちが電子機器の使用を許すのは夕方四時から五時の間だけです。あなたは寛大すぎます。小児科医でさえ、それはよくないと言っています

あなたが学校へ行かず、テレビも、スマートフォンも、仕事もない、ということでなければ、電子機器を回避する方法はありません。電子機器をうまく使えるかどうかは、受動的に画面を見ることに対してあなたがどのように判断するかによりますが、それはジャンクフードを食べることについて判断する場合と同じです。電子機器を受動的に使うことと、積極的に使うことを比較して、よく考えるだけです。

「今の世界は大きく変わった」ということを受け入れるか、あるいはいまだにスマートフォンのない時代に生きているふりをするか、この違いを生み出すのが、このような判断力をもって電子機器を使うことなのです。

課題3　規則という観点から見れば、あなたの「電子機器なしの時間（ステップ2）」と、私が電子機器の使用時間に制限をかけることと同じではないですか？

いいえ、違います。電子機器なしの時間は、人間とかかわるスキルを取り戻し、電子機器で先ほど知った情報を理解するために役立つ話し合いをするための時間です。私たちは、道具に自分自身を譲りわたさなくても、その価値が分かります。

あなたの家の芝生が広いときには、トラクターを使って芝刈りをしても問題ありません。世の中には非常に多くの情報がありますから、私たちはその情報を制御して、私たちが不利になるのではなく、有利になるように使いたいのです。ですから、「遮断時間」を、ただ電子機器を使わない時間にするのではなく、インターネット上で得た情報を理解し、それについて話し合う時間にしています。「今の世界は大きく変わった」のです。その変化について、夕食時に話し合いをするだけの価値があるほどの利点があるのです。

魔法のことばが実際に唱えられている例

私たちの文化にある共通のテーマは、電子機器はそもそも人にとって、そして子どもにとってとくに悪いものであるということです。しょっちゅう親は、電子機器の使用時間を減らすように多方面から言われています。家庭においては、多くの場合、これが親子ゲンカの原因ともなっています。私はこれまで、子育ての一形態である親子ゲンカの削減について、たびたび思いをめぐらせてきました。

「このことに関して、親子ゲンカをしないですむためには何ができるだろうか？」と。

思いついたなかで最良の答えとなるのは、物事について何でも話し合い、融通の利かない命令をすることが少なくなればなるほど、平和を維持できる可能性が高くなるということです。

子どもに対する私の最終目標は、彼らが自分の電子機器の管理ができて、自分のためになるようにそれが使えるようになることです。また、子どもは、自分の生活を改善したり、学習に役立つように電子機器を使う必要もあります。

時に子どもは、「それは自分で調べてみる。人が言ったことは信じないよ」とうれしそうに大声を上げることでしょう。また時には、「これをインターネットで読んだのだけど、どう思う？」と言うこともあるでしょう。何よりも大切なことは、何かいいことが起こるのを期待して、考えなしに電子機器を使わないということです。あなたと子どもの関係断絶を電子機器のせいにしないで、子どもの習慣を変えるために、あなたは何を教え、どんな手本を示すことができるかについて考えるべきです。

我が家では、電子機器の使用はほとんどやりたい放題となっています。驚いて息が止まりそうですか？　私の頭がおかしいと思って、続きを読むのをやめますか？　私には私のやり方があり、あなたにはあなたのやり方があります。お互い、批判はなしです。このやり方が私にはうまくいっているのです。

私は子どもに、電子機器がやるべきことの邪魔になっているときは、それを使うのをやめなければならないということを自分で学んでほしいと最初から思っています。もちろん、彼らの電子機器での一挙手一投足を知らせるような秘密のアプリをもっているわけではありません。

何かを確認する場合に備えて、彼らの電子機器のパスコードをもつことにはしていますが、ほとんどの場合、私がこっそりと調べたりすることはありません。その代わり、彼らが見たことや新しく出たアプリや動画について、彼らがどのように思っているかについて話し合う電子機器なしの時間を設けています。

私の子どもたちは、本書の原稿を書いている時点ではまだ一〇歳と一二歳です。彼らがもう少し成長したら、変えないといけないことも出てくるかもしれませんが、そうならないことを願っています。彼らが大学へ進んだら、私が見守っていなくても自分にとって正しいことがやれるようになってほしいと思っています。

自分自身を大切にしようとする、本来子どもに備わっている動機を彼らが育てるのを手助けすることが私の役割だと思っています。このスキルなくして、彼らが大学生活を切り抜けられるとは思えません。私たちは、誰かに捕まるまで、あるいは捕まらないかぎり、いつでも好きなことができるわけではありません。それは、健全な生き方ではありません。

私の友人であるサラの三人の子どもたちは、帰宅すると台所へ向かい、電子機器用の籠の中にスマートフォンを入れます。今ではすっかり身についていることですが、初めのうちはそうさせるのが大変でした。

キャサリン（一七歳）とダニエル（一六歳）とベンジャミン（一二歳）の三人が中学校に入学するまで、夫婦は電子機器に関する計画を立てていませんでした。ある夜、サラと夫のクリスが夕食時にテーブルにいると、誰もがお互いに話しかけていないことに気づきました。夕食の時間は、忙しい一〇代の子どもたちが何を考え、何をして、何を感じているのかについて、自然に確認できる場のようなものだと思っていました。子どもが手にしている電子機器のせいで、今の彼らがどういう状態であるのか、夫婦に分からなくなってしまっていたのです。

そこで、サラとクリスはある夜、腰を下ろして、電子機器なしの時間を設けるための計画をつくりあげました。彼らは、五台の電子機器すべてが楽に収まる籠を用意して、学校から帰宅した直後から夕食後までの時間を、電子機器なしの時間に設定することに決めました。時間の制限というよりは気分の問題でした。

これによって三人の子どもたちには、宿題をするなど、学校生活のあとにゆとりをもつ時間ができました。そして夫婦には、子どもたちに注意を向ける時間ができたのです。

「彼らが何をしていて、どんな調子でやっているのかがすぐに分かるようになったのは驚きでした」と、クリスは言っていました。

この分かりやすくて新しい電子機器の習慣は、必要から生まれ、電子機器に対する見方を変えました。今、長女のキャサリンは、「大学に行っても電子機器を使用しない時間をつくるつもりだ」と言っています。任務完了です。

電子機器に関しては、明確であるうえに一貫性がなければなりません。あまりにも多くの情報が絶え間なく入り込んでくるわけですが、電子機器から離れ、オンライン上で学んだり、やったりしていたことを自分なりに理解するという目標を普段からもつことで、誰もが恩恵を受けることができます。

「今の世界は大きく変わった」ことを受け入れるということは、新しい世界に適応し、子育ての理想を維持するために、意図的に変化を起こすということを意味します。電子機器の使用に関しては、子育てにおける共通のルールは存在しないことに気づいてください。自分の家族に一番うまくいくことを基盤にして、手探りでつくりあげていかなければなりません。

どんどん入ってくる情報はとても刺激的で面白いものですが、その情報を処理し、管理しなければなりません。まずは、自分の周りにある電子機器を管理する努力をして、それから、子どもが同じようにすることを手助けしましょう。電子機器が家族の役に立つようにして、あなたを圧倒するのではなく、人生を豊かにしたり、あなたに挑戦を与えたりするものにしましょう。大切なものを収集して選定し、残りは遮断するのです。

魔法のことば10

直感は原則に勝る

たとえみんなに「そうするな」と言われても、自分自身を信じる

自分の魂から湧き出る気持ちで何かをするとき、
あなたは自分のなかに、
川が動くのを感じる。それが、喜びだ。
（ルーミー）

問題——今までやったことのないことだから、自分自身を信じるのが難しい

ひと言で言えば、子育てというのは、謙虚さと探求を伴う最大の学びです。それが非常に難しいのは、一人の子どもでうまくいったと思っても、次の子どものときにまったく違うことが必要になるからです。自分を信じてやっていくしかないのです。

ええ、今あなたが何を考えているか分かります。

「ちょっと待ってください。あなたがこれまで説明したことは全部無視して、直感だけでいいと言っているのですか？」

でも、安心してください。そんなことは決して言っていませんので。

もっとも重要なことは、自分の自我が正しい決断の妨げとならないようにすることです。子は親の鏡だ、と思い込んでしまうことがよくあります。子どもがほかの人たちの前で騒ぐとき、あなたはそれをやめさせて事態を素早く収拾したいと思うでしょうが、あなたの心がどのように反応しているのか、よく感じてみてください。子どもから離れて、騒ぎが過ぎ去るまでじっと待つほうがよいかもしれないでしょうか？

「魔法のことば」５の「ＫＩＳＴ」を唱えることは、子どもの欲求を明らかにするのに役立つだけではありません。今起こっていることに対して、あなたがどのように感じているのかを把握する際にも役立ちます。

なぜ、あなたの直感を信じることが、そんなにも効果を発揮するのでしょうか？　あなたの脳は、あなたが生きている間、ずっとたくさんの情報を記録してきたからです。あなたが意識していないときでも、脳は機能しています。

もちろん、私たちは意思をもって子育てをすることに取り組んできましたが、もし直感について一章も扱わなかったら、非常に大切な要素を失うことになってしまいます。あなたの子どもが生まれて数時間で食べ物を探すことを知っていたのと同じように、あなたも子どもにとって何が最善かを知っているのです。

子育てに関する本は、人間がつくりだしたすべての外的要素を私たちが分類するのに役立ちますが、子育ての中心は、あなたとあなたの子どもであることを忘れてはいけません。

自分と子どものためにならないことをするといった危険を回避することを学ぶたびに、あなたの直感という筋肉が鍛えられます。

魔法のことば　直感は原則に勝る

息子が生後七か月くらいのとき、同じベッドで息子と一緒に寝ることはよくないと、周りのみんなが私に言い続けていました。私たちにはそれが楽でしたし、睡眠もたっぷり取れていましたが、ほかの人たちが言っていることが正しいに違いない、と私は思っていました。解決しないといけない問題はありませんでしたが、ほかの人たちの意見のせいで、私は解決策が必要な問題を抱えているように感じていました。こんなこと、おかしいと思いませんか？

赤ちゃんをベビーベッドに寝かせて、泣き止むまで泣かせたままにしておくのがよいという記述を私は読みました。息子をそっとベビーベッドに入れ、キスをして、何曲か歌い、それから部屋を出て、後ろ手でドアを閉めました。ドアがカチッと音を立てて閉まる瞬間、息子は泣き叫びました。そして、そのまま二時間以上も泣き続けていました。

私は階段に座って、すすり泣いていました。胃がムカムカしました。私に「そうしなさい」と言った人たちはどこにもいません。このときの気持ち、分かりますか？　このときの状況が、自分にしっくりこないときに感じる不快感です。私は混乱して、心が引き裂かれる思いでした。

混乱している状態を楽しむ人はほとんどいません。安心感を感じることができないからです。

通常、混乱は、軽度または時に重度の闘争反応や逃走反応の引き金となります。そして、あなたがその時点に到達するまでには、攻撃する準備ができているか、退却する準備ができているか、あるいはただ動けなくなるかのいずれかとなります。

あなたには、「直感」と呼ばれる人生を切り抜ける道案内をしてくれる仕組みが備わっていますが、あなたがそれに耳を貸さないときもあります。時々、あなたは自分の別の部分（もしかすると、それは自分に対する憐れみや恐怖心かもしれません）に耳を傾けます。そして、多くの場合、選ぶべき道をあなたは避けてしまいます。

階段に一人で座っていたあのとき、自分が「終わりから考え」はじめていたことに気づきました。赤ちゃんにつきっきりの長い一日が終わって、早めに息子と一緒にベッドに飛び込むことなど、私には何ともないことだったのです。何ともないどころか、私はそれを楽しんでいました。夜に一緒にいることは、誰かがそれは「よい子育てではない」と私に言うまで、居心地がよくて何ら問題のないことでした。

私は立ち上がり、パニックを起こしてしゃっくりをしている息子がいる部屋に入って、息子を抱き上げました。私の部屋に連れてくると、頭が枕に触れる前に息子は眠っていました。私は息子に、これからは自分の直感と自分自身にもっと耳を傾けることを約束して、その夜に私が行った間違いについて謝りました。

これは、息子が幼いころ、直感に従うことの大切さを身にしみて感じることになった数多くある間違いの一つです。

直感は、進化に起因する、生き抜くための仕組みで、それによって私たちの種は生き延びてきました。経験を重ねることで、直感は時間の経過とともに強化され、より当たるようになります。自分と子どものためにならないことをするといった危険を回避することを学ぶたびに、あなたの直感という筋肉が鍛えられます。子育てを、自分と子ども独自のものにする仕組みを強化し、その精度を上げるのです。あなたも、かなり上手になるはずです。

哲学者のアリストテレス（ＢＣ三八四～ＢＣ三二二）は、次のような知恵を共有しました。

——人は物事を繰り返す存在である。ゆえに、優秀さとは行為ではなく、習慣なのだ。

本質的に彼は、私たちは自分がなりたい姿を模倣することで、自分を変えることができると言っています。これが、「できるまで、できているふりをする」ということを哲学者としていち早く言い表したことばと言えます。

小さなことからはじめてください。あなたが、あれでよかったのだろうかとあとから考えがちなテーマを一つ選んでください。そして、自らの最初の答えにこだわり続けてください。その答えに基づいて行動し、何が起こるかを見てください。たとえば、あなたが約束を破る親ならば、小さな約束を一つ守ってください。それがたとえささいな約束であったとしても、守ったことに変わりはありません。

守る約束の数が増えれば増えるほど、ますます約束を守る習慣が身につきます。ある時点で、自分が信頼できる人間であること、そして自分自身（とほかの人たち）が約束を守る親であると認識するときが来るかもしれません。

そして、あなたが自分をどのように認識するのかということに取り組みはじめるときには、「直感は原則に勝る」という魔法のことばもしっかりと身につけなければなりません。あなた自身と、あなたの子育てのやり方を信じていれば、人生の愛そのものである子どもについてどのように決断を下せばよいかが分かるでしょう。

あなたが明日にでもできること

自分の直感を信じることが今までになかったことならば、それをはじめるためのいくつかの段階を踏むことを明日からはじめましょう。

自分の体の反応に注意する

自分が何を感じているのかをあなたが理解しやすくするために、「子育てノート」を使いましょう。「**記録シート10**」（二〇九ページ）を参照し、例を見てから自分で試しに書いてみてください。そして、あなたが自信を感じるようにしてくれる人と、不快な気分にさせる人について書きましょう。

自分の感情と体の反応に気づくことが、自分の直感と再びつながるための最初のステップとなります。

一日を過ごすなかで、直感があなたに送ろうとする合図に気づく

もしかすると、今あなたは、子どもが宿題をしながら友達とスマートフォンでテレビ電話をするのをやめさせるべきかと迷っているかもしれません。答えを予想してはいけません。答えを操作するのはやめて、自らに「子どもを放っておくべきだろうか、それとも会話をやめるように言うべきか」と聞いてください。

リラックスして、あなたの代わりに（脳ではなく）体に決断を下させるという新しい感覚に身を委ねてください。

体があなたに合図を送ったら立ち止まり、注意を向ける

気になる不快感を一つたりとも放っておいてはいけません。そこにあなたしかいないならば、その気になることを声に出して確認しましょう。

「あーあ、ジャックがどれだけテレビを見ているか考えていたら、胃がムカムカしてきたわ。注意しておかないと」

ちょっと立ち止まって、直感があなたに送ったメッセージについてよく考えましょう。自分自身の声をよく聞いていれば、間違えることはありません。

これではないと思ったら方向を変える

もし、ジャックがテレビを見過ぎていることについて胃がムカムカする感覚が現れるならば、「五分後にテレビを消す」と彼に伝えてください。そして、一緒にゲームをしたり、ブラウニーを焼いたりしようと伝えてください。

ムカムカがなくなるまで、方向を変えてください。いつ方向を変えるべきかについては、自分の体が分かっていると信じてください。「直感が原則に勝る」とき、間違えてから方向を変えても、あなたはそれを失敗だと思わないものです。

完全実施に向けての青写真

ステップ1　自分の子育てについてどのように感じているかに関心をもつ

本書がきっかけとなって、あなたが自分の子育てについて、どのように感じているかについて関心をもちはじめることを願っています。自分がほかの親よりも劣っていると感じているとしたら、定期的に魔法のことばを唱えることをはじめたほうがいいかもしれません。

あなたの子育てに変化をもたらすのに必要な道具が、あなたにはあります。少し時間をとって、関心を払ってみてください。そうするのが難しいならば、その助けになりそうな瞑想アプリをダウンロードしましょう。育児は年中無休ですから、毎日、自分の子育てがどうだったかを考えることもしたほうがいいでしょう。じっくりと、ややこしく考える必要はなく、一日に一〇分でも自分自身を振り返る時間があれば、瞑想していると見なすことができます。

ステップ2　あなたの気持ちを補強してくれる人と一緒に過ごす

いつだってあなたの子育てのやり方や、あなた自身を批判する人はいるものです。あなたは、そういう人たちから距離を置くように努めなければなりません。あなたが、自分の子育てのやり方と社会における子どもの様子について心配をしていないのであれば、他人に干渉される理由はどこにもありません。だからといって、あなたに何も与えない人に囲まれているべきだというわけでもありません。素晴らしい助言もあれば、必要な助言もありますので、支援を過小評価することはできません。

子どもに尽くすのはかまわないとあなたは思うかもしれませんが、ひょっとすると、疲労の兆候が見えているのかもしれません。よい友人ならば、子どもには自分で何かをさせておいて、たまにはしばらく腰を下ろしてリラックスしなさいと、勇気を出してあなたに言ってくれることでしょう。

私は常に、家族全員に気分のよい朝を過ごしてほしいと思っています。ゆえに、朝にケンカをすることは極力避けています。

ある日、朝食のテーブルについている家族の一人ひとりが、食べたいものを自分で用意できるというのに、私が一二回も立ち上がって家族に用意する姿を友人の一人が見ていました。彼女は声を上げて笑って、「ねえ、冷蔵庫までの距離はあなたとお母さんも同じよ。自分で取ってらっしゃい」と私の息子に言いました。初めは「私の子どもに指図をしないで」とむっとしましたが、彼女が正しいと気づきました。私にも、テーブルについて朝食を食べる権利があるのです。この友人からの助言は、私にとってはかけがえのないものでした。

ステップ3　子どもについて楽しい空想をする

子どもの人生にどんなことが起こってほしいと思いますか？　頭に思い浮かぶアイディアを検閲しないでください。あなたが自分の体に「行く必要のあるところへ私を連れていって」と言えば言うほど、あなたを案内する声がますます耳に流れ込んでくることでしょう。

自分自身に対してもそうであるように、私たちはより大きく考えるよりも、より小さく考えてしまいがちであることを知っています。有名なテレビ司会者や外科医、あるいは技術者になった子どもの未来について夢を描きましょう。あなたの知っている、子どもがそれを拠り所としていけるような長所を見つけて、その話を子どもにしましょう。

台所で娘の料理スキルを見たときは、彼女がゴードン・ラムゼイ(1)のような（ただし、彼ほど態度が悪くない）料理人に将来なるかもしれないと知らせましょう。子どもが自分の能力をよい方向に向かわせる方法や、情熱を見つける方法を理解するのに役立つ、子どもの料理コンテストのようなテレビ番組を見つけましょう。大きく考えることができないと、自分の計画と子どもの計画を立てる際、視野が狭くなりすぎてしまいます。

ステップ4　眠りにつく前に、子どもに対するあなたの一日の反応を振り返る

自分の行動から学ぶ最良の方法は、一日の終わりに自分自身の気持ちを確認することです。自

分の前向きな反応と恐怖の反応について考えてみてください。自分の子育てを誇りに思ったときと、もっとうまくできたかもしれないと思ったときを振り返りましょう。頭の中でそれらの出来事を再現して、「体は私に何を伝えようとしていただろう」と尋ねてください。

子どもがケガをすると、私が彼らを怒鳴るということを周囲の人たちは知っています。頭がおかしいように聞こえるかもしれませんが、私の恐怖心が、なぜ彼らは大切な体を危険にさらしてしまうのかという怒りに変化しているのだと思っています。私は子どもを本当に愛していますので、彼らが苦しんでいることを考えるとパニックになってしまうのです。ですから、子どもがケガをしたら私は、素早く自分の気持ちを確認し、「おそらく大丈夫だろう」と言い聞かせる必要があります。

子どもに必要なのは、親である私たちが合理的な判断をし、日々起こるさまざまな状況に対してより冷静な対応をとることです。そのときの状況を、今回は対応を改善して再現してみてください。あのときそうしていたら、どんな展開になったでしょうか？　次回、それを実際に試してみてください。

（1）（Gordon James Ramsay OBE）スコットランド出身の三つ星シェフで、数々のテレビ番組にも出演しており、ヨーロッパでも大変人気があります。ロンドンにある三軒のレストランで、合計七つのミシュランの星をもっています。

私たちがどんな親であるかを自分自身に語る物語のなかに、あなたは、そうなれると分かっている、愛と優しさにあふれた幸せいっぱいの親として登場できることを忘れないでください。

ステップ5　ほかの人の言うことに耳を傾けなさいと語りかけてくる、あなたの頭の中に流れる音声に気をつける

意思決定の過程から自分の体を無視して、忙しい脳の声だけを聞くことはしないでください。脳に対して、自分自身を信頼するように伝える練習をしてください。頭の中の声に身を引くように体にも導いてほしいわけですから、再教育することは簡単ではありませんが、可能です。

もし、あなたが、いつも自分の子どもとうまくいっていないような気がして、常にほかの人たちの言うことに耳を傾けているのなら、小さなことからはじめましょう。「子育てノート」を使って、「直感は原則に勝る」という魔法のことばに従って素晴らしい子育ての経験をしたときの、ささやかな瞬間を書き出してください。

誰もがスマートフォンに触れずに、家族でおしゃべりしたり、笑ったりして、みんなが心から楽しんだあの日の夕食、それを書き留めてください。息子を急かさずに、思う存分カップで水遊びをさせてあげたお風呂の時間、それも書き留めてください。今よりも大変になったとき、自分が物事をうまくやる方法を知っていることを忘れないように、それらの素晴らしい経験を全部書

き留めておきましょう。そうすれば、「子育てノート」を開くだけで、自分の子育てについていつでも満足感を取り戻すことができます。

課題を乗り越える

ここは、多くの抵抗が出てくるところです。周りの人たちは、あなたに何をすべきかについて言うだけでなく、あなたが子育てに向いていないと感じさせたり、子どもの素行が悪くなると感じさせたりもします。慌てないでください。自分のことを信じればよいのです。それは、非常に気を遣う話題ですから、親になった人たちは、たとえ他人の言うことを受け入れたほうが簡単そうに思えても、自分自身と自分の直感を信じて、慎重に対応しなければなりません。「直感は原則に勝る」という魔法のことばを定期的に思い出すことで、最善の対応ができることでしょう。

課題1　どうして子どもに口答えをさせておくのですか？　親に向かって失礼です

子どもに、彼らの人生と彼らに起こることに対する発言権と選択権を与えているという自覚がある人ならば、時々、子どもに失礼なことを言われているような親に見られるかもしれません。誰かほかの人がその瞬間を見ていて、そのことについて意見を言ってきたら、子どもには、自分の気持ちを親に知らせる当然の権利があるということを冷静に伝えましょう。

子どもの考えを聞いたあとで、あなたは子どもを指導し、当面の問題について話し合う予定があることを伝えたほうがいいかもしれません。あなたなりのやり方で子育てをしている理由が明確であれば、より安心してほかの人たちに、ほかのやり方は自分のやり方ではない、と知らせることができます。

課題2　子どものためにパーティーから帰ってしまうのですか！　子どもに親の楽しみをコントロールさせるのはまずいでしょう

子どもが疲れているのが分かり、「KIST」に従ったところ、子どもを寝かせるために家に帰ることが誰にとっても最高の選択になることがあなたには分かっています。パーティーに参加している人と口論をせず、ただ笑って、「私たちがいなくなるのを寂しく思ってくれるなんてうれしいわ。どうもありがとう」と言いましょう。(2)

それから笑って、肩をすくめて、子どもを寝かせたほうがずっと楽だと思うことでしょう。そのあとで、あなたはのんびりと座って、心安らかにワインを楽しむことができます。

課題3　ほかの誰もが子どもの代わりに学校の課題をしています

確かにそうかもしれませんが、子どもは自分で課題をやることでより良く学べますし、あなたも、子どもにそういう経験をしてほしいと思っているはずです。

子どもは、その課題の材料を一生懸命選びました。必要なときには、あなたに助けを求められることも知っています。自分がつくった作品は五歳児がつくったようなものなのに、教室にはプロがつくったような作品がいくつも並べられているのを見るのは、あなた（または子ども）にとっては辛いことかもしれません。しかし、ここでも、子どもは自分の作品に非常に誇りをもっていて、そんな違いなど問題にしていないかもしれないのです。

親として一歩下がるほうがよいと、直感があなたに伝えています。「直感は原則に勝る」のです。その選択が、いつでも素晴らしいとはかぎりませんが、たいていの場合、その選択が正しいと感じることになるでしょう。

（2）　ここでは、少年野球やサッカー等の試合が終わったあとの、食事会などをイメージしてください。

魔法のことばが実際に唱えられている例

私は知り合いの親たちに、「直感は原則に勝る」ようにしたとき私に知らせてくださいとお願いしました。それは何度も繰り返し起こるからです。この魔法のことばをずっと実践するためには、本書で挙げた魔法のことば一〇個が定期的に必要となります。以下に、親からいただいた声をいくつか挙げておきましょう。

私は、睡眠に関する多くの助言を無視しました。娘を揺らしてあげる必要があると思ったので揺らし、授乳をする必要があると思ったので授乳をしました。今、娘は五歳ですが、私に背中をなでてほしいと言うので、そうしています。（エミリー、一児の母）

一度やると決めたことを続ける、ということを私たちは決めていたのですが、私はそれを破り、上の息子のジェイクがシーズン途中で野球をやめることを許しました。チームの状況や野球というスポーツそのものが息子には合っていませんでした。彼は新しいスキルを学んでいませんでしたし、野球のいかなる部分も楽しんでいませんでした。シーズンの最後まで

野球をさせることが残酷に思えるほど、彼は練習や試合を恐れていました。

私は自分の友人でもあったコーチと話しましたが、彼はやめることのほうがジェイクにとっては辛く、恥ずかしいことであると考えていました。でも私は、できるだけ早くチームを離れて、前に進む必要があると直感で思いました。それが正しいことだ、と思ったのです。あのとき以来、ジェイクは責任を伴う約束事に申し込むことに慎重になりましたし、彼は、私たちがいつでも救済するとはかぎらないことを理解しています。（スーザン、二児の母）

私の下の息子は、靴は「スパイシーすぎる」から、学校で靴を履いていたくないと不満を言い続けてきました。彼が靴を繰り返し脱いでいるので先生はイライラしていましたし、息子のことを難しい生徒だと思っていました。その結果、罰として黙って座らされることになりました。

私は、行動の問題以外に何かが関係していると思い、答えを求めて彼の足と靴を眺めました。すると、彼の靴は日本企業がつくったものでしたが、いい匂いがするように、靴の中敷に緑茶が使われていたことが分かりました。その匂いがスパイシーだったのです。緑茶のハーブの性質が、彼の足を刺激していたのです。（スーザン、二児の母）

娘が中学生だったとき、彼女の友達よりもはるかに遅くまで夜に起きていることを許していました。娘はなかなか眠ることができずにいたのですが、日中、疲れている様子はありませんでした。

ほかの二人の子どもに対する規則は、午後一〇時以降は電子機器の電源を切り、電気を消すというものでしたが、この子だけは違いました。怒鳴り合いや口論を繰り返した末、この子は異なる体内時計をもっていると判断しました。電子機器は使わせませんでしたが、電気をつけて夜遅くまで本を読んだり、絵を描いたりすることはよしとしました。（キャシー、三児の母）

三つ子のうち二人は、生後六か月の時点で睡眠がまったく足りていませんでした。専門家はみんな、彼らを何時間でも何週間でも泣かせておくようにと言いました。私は何かがおかしいと感じ、「睡眠訓練」の二日目の夜が明けるといったん訓練を中止して、健康上の理由を考えはじめました。

結果的に、彼らはトウモロコシにアレルギーがあると分かり（ちなみに、医師たちは私が検査を要求するまで信じていませんでした）、それを除去するとすぐに大変よく眠るようになりました。（ジョディ、三つ子の母）

二番目の息子は、生まれた夜、一晩中眠り続けました。看護師は、私が授乳のために彼を起こさなかったことを注意しました。私はただうなずいて、明日はそうすると約束しました。まさか！（笑）。

私はこの子が世界一の息子であると宣言し、一度も彼を起こして授乳をしませんでした。体重の問題もなく、ただただ素晴らしく眠りに長けた赤ちゃんでした。授乳のために、どうすれば夜中に起きられるのだろうかと思っていましたが、わざわざ人に聞く必要もありませんでした。（サイン、二児の母）

子育ての直感を信じるには勇気が必要となります。なぜなら、ほぼ毎週のように、決断を迫られる新しい状況に直面するからです。でも、不可能ではありません。自分自身を信頼し、信じることは、他人を信じることよりも重要なのです。

まずは子育てにおいて、過去にうまくいったことを考えることからはじめる必要があります。少なすぎて考えることができない、ということはありません。これまでのどこかで、あなたがそうなると期待していたとおりに物事がうまく進んだことがあるはずです。そのような、よい気分を思い出してください。振り返り、何があなたの成功の原因になったのかと考えて、それらの手順を再現してみてください。

失敗することに慣れる場合と同じように、成功することに慣れることもできます。過去の勝利に目を向け、自分の能力に対する信頼を築くためにそれらを活用してください。

自己信頼は自分自身で生み出す必要がありますが、誰かほかの人が発する励ましの言葉を聞くことが大きな後押しになる可能性もあります。その人が公平な人物である必要はありません。親しい友人や家族と話をしましょう。彼らがあなたの子育ての直感を信じる理由と、あなた自身もその直感を信じるべき理由を彼らに言ってもらい、励ましてもらいましょう。

私たちの疑念の多くは、他人が私たちを評価するのではないかという恐れから来ています。他人が考えていることに関する不安を取り除くことによって、自分を全面的に信頼するための大きな一歩を踏み出すことができるのです。他人の考えや行動をコントロールすることは決してできませんし、それらを心配することに時間とエネルギーを費やすのは無駄です。

このように態度を調整するのには時間がかかりますが、最終的にはそれだけの価値があります。魔法のことばを用いることは、自分の内面を覗き、自信を見つける出発点としてうってつけなのです。これらの魔法のことばが日常生活の騒音を取り除き、あなたが自分自身と自分の子育てに集中できるようにしてくれます。何よりも重要なことが、「直感は原則に勝る」です。

あとがき——子育てに役立つ魔法のことば

人生とは、しがみつくことと手放すことのバランスだ。（ルーミー）

私には子育ての暗号が解読できなかったかもしれませんが、親がもっともすべきことは自分自身を信頼することであると、すべての親が同意してくれると思っています。そうすることは「言うは易し、行うは難し」ですが、本書であなたが学んだ一〇個の魔法のことばが、この先ずっとあなた自身を信頼し続けることを助けてくれます。

どんなにその道が踏み固められていたとしても、そこから外れるのは簡単です。毎日、自分のことを振り返り、前に進むことを忘れないようにすれば、子どもがまさに必要としているもの、つまり思慮深く、正直で、愛情深い親というものを彼らに与えることになります。

親になれたことは、私にとって夢の実現でした。私はできるかぎりのことをして、子どもたちが「自分は愛されているから安心だ」と感じられるようにする、と誓いました。たとえそのようにできていなくても、子どもたちは私から何かしら学んでいることに気がつきました。もし、親が完璧であったら、子どもは何も学べません。むしろ、私が「ごめんね」と言ったときや、子育てのやり方や自分の人生の生き方を意図的に、臆することなく変更する様子を見ているときに子どもは学んでいるものです。

私が教師を辞めて作家になることを決めたとき、子どもたちは私のことを誇りに思ってくれていました。誰かに新しい仕事について私が話をするたびに、その様子がうかがえました。親であることが、毎日、最高の人生を生きることへの恐れをなくしてくれたのです。私を一番愛してくれている人たちが見ているわけですから、彼らの親であることが「私にとっての贈り物だ」ということを、彼らに分かってほしいと思っています。時には、親子ゲンカや大変な日々のなかにその贈り物は隠れてしまいますが、本当に必要になったときには簡単に見つかります。

子ども時代の大半を、彼らは学校で過ごします。このことが、本書を「ハック・シリーズ」のなかでも完璧な一冊にしたと言えます。あなたのことが大好きな子どもたちを手助けするために、あなたが利用できるすべての資料を使ってくれることを願っています。親向けの本であろうと、教師向けの本であろうと、親はそれらを読んで、子育てや教育に関する貴重な情報をたくさん得ることができます。

私は自分がもっとも素晴らしい実践に関する情報を常に得るために、そして自分の子育てのやり方について柔軟に学び続けるために、見つかる資料のすべてを活用しています。もし、あなたが学んだことで共有したいと思うことがあれば、ぜひお聞かせください。私のツイッターアカウント（@kagmoran）に英語で、または pro.workshop@gmail.com 宛に日本語でご連絡ください。

「訳者あとがき」にかえて——翻訳協力者の感想

　これまでに「ハック・シリーズ」は三冊が邦訳出版され、現在、五冊以上が翻訳中ですが、訳者全員で原書を「ブッククラブ」形式で読み、日本の読者に届ける価値があるかを判断するところからスタートしています。

　判断が下され、出版企画が通ると、最初の分担を決めて訳しますが、下訳が完成したあとは訳者全員で繰り返し読み合い、改善の努力をしばらく継続します。その最終段階では、本の内容に興味をもつ数人の読者代表にも読んでもらい、さまざまなコメントや提案をいただいています。

　本書では、そのなかの一人である石川英俊さんの感想を紹介させていただくことにします。石川さんは、「北海道庁保健福祉部子ども未来推進局子ども子育て支援課」に所属されていますが、私的な活動としては「自己組織化ラーニングファシリテーター」というグループで、学習者が主体的に学習を進めることを促すことをテーマにして研究・実践をされています。

　通常の本とは少し変わった「訳者あとがき」となりますが、本書を原稿段階で読み通した石川さんの感想が読者のみなさんの参考になるかと思いますので、本文を振り返る意味を含めてご一読ください。

魔法のことば1

子どもの発達段階を理解して、見通しをもちながら子どもの成長を見守ることは、子育てをするうえにおいて重要だと思います。私は、妻が子どもを授かってから、いくつもの講習会に参加したり、正確なエビデンスのある文献を読んだりして、知識をつけることに励みました。そのおかげで、子どもの発達に関して幅をもって見ることができるようになっただけでなく、理解ができずに不安になったときには改めて文献を見たり、信頼できる専門家（講演会で出会った人など）に質問をしたりすることで不安を解消しています。

「魔法のことば1」を読んで参考になったことは、「子育てノート」を付けることです。発達段階に応じて、子どもに期待してよいことが理解できると、親として子どもをサポートするときに自信がもてると思いました。

ただ、「発達段階　年齢区分」で検索すると、精神的な発達段階、肉体的な発達段階、運動機能の発達段階など、分野ごとに分かれてサイトが表示されるほか、その中の一つの分野に関してもいくつもサイトが見つかりましたので、その中から信頼できる情報を抜き出すことが面倒に感じました。包括的に、各分野の発達段階について書かれた信頼できるサイトを紹介することができれば、「子育てノート」を容易にスタートすることができるのではないかと思いました（この提案を受けて、七ページの訳注2を追加しましたので参照してください）。

魔法のことば2

参考になったことは、「終わりから考える」ときに、どこの時点を「終わり」とするかについて漠然としか考えてこなかったと気づいたことです。

大人の都合でルールを示しすぎて、子どもの可能性を狭めてはいけないと思う一方で、子どもがするイタズラをどの程度注意すればいいのかと毎日悩まされています。また、私と妻が注意する点（レベル）が違うことも悩みの種となっています（子どもが引き出しから服を引っ張り出して遊ぶことは遊びの一環だと私は思っているので注意をしませんが、妻は怒ります）。

夫婦でビジョンを共有すること、そのためのルール設定を一緒にすることの大切さを「魔法のことば2」で知りました。実践してみようと思います。

また、宿題のルールを見直す場面は、私の子育て観との違いを感じました。「ルールを夫婦で決めて、子どもに守らせる」とか「私たちは勝利した」という部分です。

夫婦が考えるビジョン（子どもに育って欲しい理想像や、そのための子育ての意図）を伝えることは問題ないと思いますが、ビジョンを踏まえてルールをどのように設定するかについては、子どもとの対話によって決める必要があると考えます。親と子どもの間で定めるルールですから、どちらかが一方的に決めたルールを「ルールに書いてあるのだから守らなければならない」と言うことは、本質と手段を取り違えていると感じました。

「いつもの仕事をやらなかったならば、その仕事をする時間をもっと与える」という文章にも違和感がありました。また、結果（ペナルティ）を与えることでやる気にさせるという表記は、抑圧的に感じました。

魔法のことば3

「一輪車表」のメリットとデメリットを考えました。メリットとしては、親も子どもも、自分がすること（しなければいけないこと）が明確になり、一貫性をもちやすいということです。一方、デメリットとしては、家庭内でも常に「評価」されているという意識が働くことです。学校でも「よい子」を演じなければならないのに、帰宅後も成果を求められ、行動を評価され、達成回数を家族全員が見えるように示すことは、何となくプレッシャーを感じそうです。

また、表中に記入されるのは「達成回数」、つまり「行動の結果」です。私の子育て観との違いは、私は「結果」ではなく「プロセス」を褒めたいと考えている点です。挑戦したこと、勇気を出したこと、失敗しても諦めなかったことなど、プロセスを褒めることで「やり抜くことは素晴らしいこと」という価値観が醸成されればよいと思っています。そのプロセスを褒めるためには、子どもしか知らない心境を丁寧に聞く必要があります。もちろん、そこには心の通った対話が必要となります。

魔法のことば4

この章はとても面白かったです。なぜなら、私が母との会話にうんざりして、「もう話したくない！」と思ってしまう原因がここにあるからです。

論点がずれる（私が聞きたかったことから話を変えないで！）、経験談を話し出す（私が話し手のはずなのに、どうして母が話し手になるの？）、母の経験と関連づけられる（私だけのオリジナルの体験の話をしたのに、「私にも同じ経験があったわ」とひとくくりにして語らないで！）など、コミュニケーションにストレスを抱えることが多くて、話す気が失せてしまいます。

子どもが「適した質問をすれば、自分が必要とする情報を得ることができる」ことを学ぶためには、親は質問されたこと以上のことを話してはいけないと改めて思いました。

重要な話題を事前に「子育てノート」に書き留めておき（ステップ1）、実際に質問されたときに「子育てノート」を思い出して質問されたことに答えるわけですが、事前に準備する必要がどれほどあるのかよく分かりませんでした。質問されたとき、「よく分からないから考える時間をください」と子どもに対して正直に言うことができたら、その時々の等身大の自分で、子どもとの会話を楽しめばよいのではないかと考えました。

魔法のことば5

基本的な欲求を満たすことは、一歳児を世話している今、最重要項目となります。本章を読んで学べたことは、幼児にかぎらず大人に至るまで、ずーっと同じだということです。私の奥さんが、早朝または仕事から帰ってきたときに機嫌が悪く、私に対する態度がよくないことの要因の一つとして、基本的な欲求が満たされていないことがあるとしたら、イライラすることから回避できるかもしれません。

私の子育て観との違いがあった点は、「基本的な欲求のコーチになる」ところに書かれていた、「あなたが空腹なのが分かります。何か食べ物を持ってきましょう」という文章です。この言葉かけに対して、「子どもは空腹ではないと言い張ることでしょう」と書かれていますが、そのとおりだと思います。なぜなら、自分でも分かっていない感情の背景にあるものを、決めつけられることになるからです。

仮に図星だったとしても、私が息子の立場なら、主張していることを軽視されたように受け取ると思います。そして、より一層、自分の主張の正当性をアピールすると思います。

私が学んでいる「非暴力コミュニケーション」(Nonviolent Communication: NVC) では、相手の感情やニーズが今どうなのか、相手のありのままを観察したうえで予想し、相手に確認します。つまり、勝手に決めつけないということです。

魔法のことば6

過程を大切にすることは、私が子育てをする上でとても大事にしていることです。子どもがいろんなことにチャレンジして、できたこと・できなかったことをすべて学びに変えて楽しい人生にするために、結果ではなくて、過程を見て褒めることを心掛けています。

ただ、自分自身に対してはなかなか過程を褒めてあげられず、結果によって一喜一憂していることに気づきました。具体的には、子どもが風邪を引いてしまい、こじらせて中耳炎になってしまったとき、「中耳炎にさせてしまった」という結果にとらわれて、落ち込んでいました。

落ち込み続けても、私の息子は幸せになりません。結果よりも過程を振り返り、私が「できなかったこと」を「できる」ようにしてこそ、息子と私は快適な状態を獲得することができるのです。自分自身を評価するのは、結果についてではなく、過程に対して行うようにしようと改めて思いました（完全に除去することはできませんでしたが、子どもの鼻づまりを必死で取り除こうと、子どもに嫌がられながらも努力した過程を、自分で褒めてやることも大事だと思えました）。

「完全実施に向けての青写真」における「ステップ4」について、シミュレーションをする必要性を感じますが、絵を描いたり、図を描いたりする作業に時間をかけることに疑問を抱きました。体験学習や経験学習サイクルの文脈で言えば、まずはやってみて、そこから振り返ることで、失敗を含めて学びになります。

テストをする作業を「ステップ4」に入れることによってハードルを上げてしまい、「過程を大切にする」に取り組むことを億劫にさせないかと心配になりました。もちろん、読者がすべてのステップを模範的にやる必要はなく、取捨選択して取り組めばよいのですが、そのように取捨選択して活用できる主体的な人間ばかりではないと思います。

魔法のことば7

信頼関係をつくるために、相手と似ているところを探すことに何だか違和感を抱きました。それは、「同じ」とか「似ている」と判断するのは、各々の主観による（人はイメージの世界を生きる）ことなので、本質的に「同じ」か「似ている」か分からないという前提が私の中にあるからです。むしろ、みんな違っている、違っているけれども、相手が大事にしているもの（気持ち）に共感（尊重）する、寄り添うといったようなことが、多様な人間関係において信頼を築く上で大切だと思っています。

私の人生を振り返ってみると、自分と似ている人への安心感はありますが、信頼感をもつ人のタイプはバラバラで、自分と大きく違うこともあります。私は自分の息子とはいえ、他人である彼を自分と似ているかどうかで見るのではなく、その子のありのままを注視して、話題にしていくことで、「違いも含めて認め合っていく関係性」をつくっていきたいと思っています。

魔法のことば8

親から指示されたことを一回ではやらない、まるで私自身のことを書かれているかのように思いました。子どもは指示されたことを極力やりたくないので、親がどのくらいまで耐えることができるのかと試します。参考になったことは、「同じ指示を繰り返さない」と決めることで、たった一回しか言うことのできない指示を、どのタイミングで行ったらよいのか、よく考える必要があることです。

相手は指示を聞く準備ができているのか、相手のニーズ（欲求）は今どこにあるのか、相手の気分はどうかなど、相手のことをよく観察するとともに、相手の状態を共感的に聞くことを最初のステップでやらなければ、指示を出すタイミングを間違えてしまうだろうと思いました。

これは結果的に、相手のことをよく知ること（子どもの側からすれば、自分のことを知ろうと努力してくれること）につながり、安心できる信頼関係が生まれると思います。指示を出す側（親）が、指示を受ける側（子ども）をどのようにコントロールするかではなく、指示を受ける側（子ども）の欲求・感情を、まずは尊重するというスタンスが重要だと思いました。

違和感を覚えた点は、この章の魔法のことばが「決めたことは変えない」であることです。

この章は「一度指示したことを繰り返さずに、子どもが自らやるようになること」を中心に書かれている印象を受けました。「決めたことを変えない」と唱えるよりも「繰り返し言わない」と唱えたほうが実用的に思います。

さらに言うならば、「決めたことは変えない」という概念は、ほかの魔法のことばを実行する際にも影響のある概念なので、上位概念に当たるのではないかとも思いましたので、同じレベル感の章立てで紹介されていることにも違和感を覚えました。

また、「決めたことは変えない」と対極的にある「柔軟に対応する」、「自分の意図を手放す」なども子育てをするうえで重要だと感じていますので、その部分に触れられていないことが、この章の納得感を損なわせているように感じました。

魔法のことば9

現在の子育て世代が一番頭を悩ましていることは、電子機器との付き合い方をどのようにすればいいのかということだと思いますので、この章はとても身近なテーマでした。

最終目標は、子どもが自分で電子機器を管理し、「使われる」のではなく「使う」ようになることである、ということに大変賛同しました。親の管理下にいるときだけ、使用機会をコントロールされた子どもは、大学で一人暮らしをはじめた途端に電子機器にドップリとはまってしまうものです。実際、そういう友達をたくさん見てきました。

ここで難しいことは、一般的な親が子どもに電子機器を与える時期が、子どもが自分自身の感情をコントロールする訓練をはじめる発達段階上の時期に比べて、早すぎることだと思っています。インターネットデバイスとの付き合い方に関する研修会に参加した際に聞いた話によれば、小学校低学年～中学年まで脳は組織し続けていて、その段階で電子機器を（子どもが際限なく使える形で）与えると、前頭前野（理性を司る器官）の発達を妨げてしまい、「やりたい！」という衝動をコントロールすることが難しくなるようです。

そのように、そもそもの脳の構造を変化させてしまえば、いくら時間制限を設けても、話し合いの時間を設けても、コントロールすることが難しくなります。そのため、発達段階上のボーダーラインを明らかにして、使用を控えさせる時期を定めることが第一歩のように思います。

魔法のことば10

この章を読んだとき、「これまでの九つの魔法のことばよりも、結局は直感がいいと言いたいの？」というような戸惑いがあったのですが、それが勘違いだったと分かりました。これまでの九つの魔法のことばも大切だし、同等の価値ある選択として、直感を信じることも大切だということですね。理解しました。

石川さんの感想、いかがでしたか。やはり、人にはさまざまな考えや行動があるということです（だからこそ、面白い‼）。そして、自己内対話をする、今回石川さんがしてくれたように書き出してみる、他者と大事なテーマについてやり取りをする（対面で、あるいは文書で）などが、子育てを一層充実したものにしてくれることも確実なようです。えてしてマイナス面ばかりにとらわれがちの子育てですが、プラス面も同じレベルで大切にしながら、子育て＝親（自分）育てに楽しみながら挑戦していきましょう！

本書の翻訳出版にあたっては、著者のキンバリー・モーランさん、出版社のマーク・バーンズさん、上記の石川さん以外に入山満恵子さん、岩上加代子さん、古賀真実さん、そして武市一幸さんはじめ株式会社新評論のスタッフの方々にお世話になりました。心から感謝します。

二〇二〇年八月

阿部良子・吉田新一郎

魔法のことば10 「直感は原則に勝る」

何が起きたのか？ 誰がかかわっていたのか？

息子が生まれると、私の母は母乳育児の必要性はないと考えていた。私が搾乳するたびに、母は私が時間を無駄遣いしているかのような態度をとった。私はついに、母乳育児は難しすぎて無理だと判断して息子に粉ミルクを与えたが、息子にとっては問題なくても、私がしたいことではなかった。

あなたはどう感じたのか？

私は自分に自信がもてず、自分の願いを尊重してくれる人は誰もいないかのように感じた。周りの人に支えられている感じがしなかった。母乳育児が重要だと考えない人に頼るのではなく、母乳育児を手伝ってくれる人を見つけることができればよかったのにと思う。

あなたに力をあたえてくれる人

あなたにとって、よい支えになってくれる人たちのリストをつくろう。

・NICU（新生児集中治療室）の看護師
・三人の子どもを母乳で育てた友人

記録シート10

何が起きたのか？ 誰がかかわっていたのか？

あなたはどう感じたのか？

あなたに力をあたえてくれる人

あなたにとって、よい支えになってくれる人たちのリストをつくろう。

・
・
・
・
・
・
・

魔法のことば9 「今の世界はかなり違う」

例

子どもの現在の年齢： 16 歳

電子機器：スマートフォン

その電子機器を生産的に使う方法
- GPS（全地球無線測位システム）を使って旅行を計画する。
- 天気予報アプリを調べてその日の服装を検討する。
- ボイスメールアプリに伝言を残す。
- 電子書籍アプリで本を読む。
- あるテーマについてもっと学ぶのに役立つポッドキャスト（インターネットラジオ番組）を聞く。

記録シート9

子どもの現在の年齢： ＿＿ 歳

電子機器：＿＿＿＿＿＿＿＿

その電子機器を生産的に使う方法
・
・
・
・
・
・
・
・
・
・
・

魔法のことば8　「決めたことは変えない」

一度言ったら、それを貫く。子どもは物事を文字どおりに受け取るものだから、実現してほしいことを正確に子どもに伝える。

例

子どもの現在の年齢： 9　歳

実現したいこと	**言うこと**
遊び部屋が片づいている。	「床の上のレゴを全部拾って、レゴの箱に入れなさい」
食べ物と食器が台所に戻されている。	「その二つのグラスと、ポテトチップの袋と、散らかったポテトチップのかけらを台所の流しとごみ箱へ持っていきなさい」

記録シート8

子どもの現在の年齢： 　　歳

実現したいこと	**言うこと**

魔法のことば7 「正直は信頼に含まれる」

例

子どもの現在の年齢： 13 歳

人の個性
・ほほえみ
・ユーモアのセンス
・髪型
・服装
・趣味
・強いこだわり

共通点の示し方
「あなたがそんなふうにほほえむと、私自身のことを思い出すよ」
「あなたは私と同じようなトレーナーが好きでしょう。だから、あなたに一着買ってきたよ」

記録シート7

子どもの現在の年齢： 歳

人の個性
・
・
・
・
・

共通点の示し方

魔法のことば6　「価値は過程のなかにある」

例

子どもの現在の年齢： 11　歳

挑戦： 食後の皿洗いをする。

過程

1．食器の準備をする。すべての食器を流しに置き、食べ残しはきれいにこすり落としておく。
2．水と洗剤の準備をする。水が十分な温かさで、食器洗い用の洗剤があることを確認する。
3．まず食器をすすいで、食器洗い機に入れる。皿は一番下に、カップは一番上に、ナイフやフォークは籠の中に入れる。
4．深鍋、浅鍋、調理用具を洗う。洗剤を入れた水の中にそれらを浸して、たわしかスポンジを使って食べ残しを落とす。水切り籠に置いて乾かす。
5．流しと台所道具の水を拭き取る。
6．道具を片付けて、終わり。

子どもがこれらの段階を実行しているときには、成果にかかわらず、一つの段階がうまくできたらそれをほめる。

記録シート6

子どもの現在の年齢： ＿＿＿歳

挑戦：

過程

1．

2．

3．

4．

5．

6．

魔法のことば５　「空腹、怒り、寂しさ、疲れ（KIST）」

例

子どもの現在の年齢：　４　歳

これらの大切な欲求を解決できる可能性のある方法

空腹
・どこへ行くときも、健康によい間食を持ち歩く。

怒り
・「あなたが怒っている原因はこれだと思うよ。私に手助けできることはなんだろう」と言う。

寂しさ
・５分間つきっきりで、簡単なゲームをすることを提案する。

疲れ
・絵本を取り出して、子どもがリラックスしはじめることができるように読み聞かせる。

記録シート５

子どもの現在の年齢：　　　歳

これらの大切な欲求を解決できる可能性のある方法

空腹
・
・

怒り
・
・

寂しさ
・
・

疲れ
・
・

魔法のことば４　「された質問に答える」

例

子どもの現在の年齢：　８　歳

大切なテーマ：　死

答え

　生きているものはすべて死ぬが、それまでに私があなたといる時間はたっぷりある。

記録シート４

子どもの現在の年齢：　　歳

大切なテーマ：

答え

大切なテーマ：

答え

大切なテーマ：

答え

魔法のことば3 「一輪走行を選ぶ」

例

子どもの現在の年齢：　6　歳

一輪車表

スキル	達成回数
1．ベッドを整える。	丅
2．持ち物を見つける。	正

記録シート3

子どもの現在の年齢：　　歳

一輪車表

スキル	達成回数
1．	
2．	
3．	
4．	

魔法のことば2　「終わりから考える」

例

子どもの現在の年齢： 6　歳

あなたが子どもに身につけてほしいと思っている特性はどのようなことですか。

自分で考える
楽しみや情報を得るために読む
情熱をもち続ける
活動の動機を見つける
会話をする
他者に対して思いやる
適切に聴く
部屋の掃除をする
物を整理する

特性	**特性に到達するための目標**
部屋の掃除をする。	ベッドを整える、服をたたんでから片づける、おもちゃや持ち物をしまう場所がある。
会話をする。	日中に起こったことの一つか二つについて話をする。家族のほかの人が話したいと思うかもしれない話題を特定する。

記録シート2

子どもの現在の年齢： 　　歳

あなたが子どもに身につけてほしいと思っている特性はどのようなことですか？

特性	**特性に到達するための目標**
・	・
・	・
・	・
・	・

魔法のことば１　「理解しよう」

例

子どもの現在の年齢：　６　歳
５〜７歳児の発達指標はどのようなものでしょうか？　「発達段階年齢区分」を検索してみましょう。

この年齢層の子どもはエネルギーのレベルが高く、彼らはあらゆる種類の身体的技巧を試みます。彼らにはゲームで遊ぶための身体的スキルがあります。モノを組み立てたり、つくり出したりするのが好きです。注意を払うことも、注意を移すこともできます。決定したことを以前に比べてもっと考えることができます。モノを収集することにとても興味があります。他者の考え方が見えはじめます。本や音楽に興味を示します。質問の数は以前より減りますが、より意味のある質問をします。大人のように扱われたいと思っています。正当な罰は受け入れることができます。悪口を言われると傷つきます。所有しているモノに誇りと独占欲をもっています。好かれるかどうかを気にします。親に抱っこされるよりも、おしゃべりするほうを楽しみます。

最近到達した発達指標
一人で着替える
食卓の準備をする
ルールとは何かを理解する

目標とする発達指標
ベッドを整える
自分の部屋をきれいに保つ
かばんの中を整頓しておく

記録シート１

子どもの現在の年齢：　　歳
５〜７歳児の発達指標はどのようなものでしょうか？

最近到達した発達指標
・
・
・
・

目標とする発達指標
・
・
・
・

訳者紹介

阿部良子（あべ・りょうこ）
都内私立高校教諭、英語テスト団体勤務を経て、現在はフリーランスの英語講師。Jolly Phonics（https://www.jollylearning.co.uk）による読み書き指導と音読・多読指導を中心に行っている。いつかリーディング・ワークショップとライティング・ワークショップを取り入れた授業をするのが夢。一児の母。

吉田新一郎（よしだ・しんいちろう）
子育て中の親にとって、参考になることがたくさん書いてあるのはありがたいですが、教師は授業やクラス運営に、管理職や教育行政に携わる方は学校経営にそのまま使える／応用できる内容ばかりだと思います。みんな、子／人育てをしているのですから、当然ですね!!　問い合わせは、pro.workshop@gmail.comにお願いします。

子育てのストレスを減らす10の「魔法のことば」
——子育てをハックする——

2020年10月15日　初版第１刷発行

訳者　阿部良子
　　　吉田新一郎

発行者　武市一幸

発行所　株式会社 新評論

〒169-0051
東京都新宿区西早稲田３-16-28
http://www.shinhyoron.co.jp

電話　03(3202)7391
FAX　03(3202)5832
振替・00160-1-113487

落丁・乱丁はお取り替えします。
定価はカバーに表示してあります。

印刷　フォレスト
装丁　山田英春
製本　中永製本所

Printed in Japan
ISBN978-4-7948-1163-9

新評論　好評既刊　　あたらしい教育を考える本

S・サックシュタイン+C・ハミルトン／高瀬裕人・吉田新一郎 訳

宿題をハックする

学校外でも学びを促進する 10 の方法

シュクダイと聞いただけで落ち込む…そんな思い出にさよなら！
教師も子どもも笑顔になる宿題で、学びの意味をとりもどそう。

四六並製　304 頁　2400 円　　ISBN978-4-7948-1122-6

S・サックシュタイン／高瀬裕人・吉田新一郎 訳

成績をハックする

評価を学びにいかす 10 の方法

成績なんて、百害あって一利なし!?「評価」や「教育」の概念を
根底から見直し、「自立した学び手」を育てるための実践ガイド。

四六並製　240 頁　2000 円　　ISBN978-4-7948-1095-3

リリア・コセット・レント／白鳥信義・吉田新一郎 訳

教科書をハックする

21 世紀の学びを実現する授業のつくり方

教科書、それは「退屈で面白くない」授業の象徴…
生徒たちを「教科書疲労」から解放し、魅力的な授業をつくるヒント満載！
大切な質問づくりのスキルが容易に身につけられる方法を紹介！

四六並製　344 頁　2400 円　　ISBN978-4-7948-1147-9

マイク・エンダーソン／吉田新一郎 訳

教育のプロがすすめる選択する学び

教師の指導も、生徒の意欲も向上!

能動的な学び手(アクティブ・ラーナー)を育てるには、「選択肢」が
重要かつ効果的！「自分の学びを自分で選ぶ」ことから始まる授業革新。

四六並製　348 頁　2500 円　　ISBN978-4-7948-1127-1

ジョージ・クーロス／白鳥信義・吉田新一郎 訳

教育のプロがすすめるイノベーション

学校の学びが変わる

「現状維持」の精神では、教育はもはや立ちゆかない！
読む者をウズウズさせる卓抜なヒントに満ちた、教育関係者必読のガイド。

四六並製　376 頁　2700 円　　ISBN978-4-7948-1129-5

＊表示価格はすべて税抜本体価格です